I0106556

DIFE K AP BOULVÈSE A

Seri 1

POUKI SA NOU PA BAY YO MANJE NOU MENM PITO?

Avangou

Jezi te konn pran abitid mande disip yo pou yo fè yon bagay li byen konnen yo pa ka fè. Li te sèlman bezwen yo obeyi'l pou li menm te fè gwo mèvèy. Gade ki jan li mande apòt yo pou gaye mesaj Levanjil la sou tout la tè. Ki jan sa pral fèt ? Se Sentespri a ki pral fè pèleren soti toupatou pou yo vin fete La pantkòt nan vil Jerizalèm. Konsa senk mil (5000) nan yo te konvèti paske yo te rive kwè ke Jezikri te resisite tout bon vre. Kounyeya, lè yo retounen kay yo, yo gaye Levanjil la nan peyi yo. Men ki jan, san bato, san avyon, e san yo pa fè okenn depans, Levanjil la gaye toupatou. Se peyi Lafrik ki tap manke, men Sentespri a voye Filip al rankontre minis Etyopyen an ki te nan gouvèman Rèn Kandas la. Filip bay li Levanjil e nonm sa te gaye Pawòl la nan peyi pal'. Tra. 8 : 26-38

Jodia n'ap pran egzanp nan mirak kote li te bay yon foul moun manje ak sèlman senk ti pen , de (2) pwason. Si 'w pa prese, fè yon ti chita tann sándwich pa'w. Jezi pap mete'w chita pou lontan.

Pastè Renaut Pierre-Louis

Leson 1
Nouri pèp la ak ti sa ou genyen an

Vèsè pou prepare leson an : Mak.6 :6-13 ; 30-44 ; Lik.9 :10 ; Sòm. 78 : 24-25 ; Pwo.31 : 4-7 ; Mat. 25 : 31-46 ; 28 :17-20 ; Jan.6 : 48 ; 10 :10 ; Tra.4 : 32-37

Vèsè pou li nan klas la : Mak.6 : 30-44

Vèsè pou resite : Jezi reponn yo:Poukisa nou pa ba yo manje nou menm pito?. Mak. 6 : 37a

Fason pou fè leson an : Diskou, konparezon, kesyon

Bi leson an : Ankouraje legliz pou'l rann sèvis nan kominote a

Pou komanse

Li fasil anpil pou yon moun rale kò'l lè li devan yon reskonsablite ki twòp pou li. Se nan ka sa menm, Jezi pra'l montre disip yo ki pouvwa li genyen.

I. Ki sak te pase ?

1. Jezi envite disip yo manje apre yo te finn bay li rapò sou misyon yo soti fè nan bouk la. Mak. 6 : 30-31

2. Men, te gen twòp moun la . Pou mete yo manje pi alèz, li mande yo pou yo janbe lanmè Tiberiad la pou yo ale nan bouk Betsayida. Lik.9 :10

3. Mezanmi ! Foul moun yo la pi rèd; yo rete la jouk solèy kouche. Se lè sa disip yo di Jezi ke solèy kouche, li fin ta, pito'l prese fè denye priyè, bay benediksyon pou voye moun yo al manje kay yo. Mak.6 : 35-36

4. Lekontrè, Jezi di yo : « Pouki sa nou pa bay yo manje pito ? ». Mak. 6 :37

II. An nou wè sa ki te nan tèt disip yo

1. Yo te gen dekwa manje pou tèt pa yo, men li pa tap janmen ase pou tout moun sa yo. Mak.6 :31

2. Dapre yo menm, zafè bay pèp manje, se biznis gouvèman an, se jòb Pilat ak Ewòd. Sansa, se pou pèp la tonbe bwè kleren pou bliye mizè'l. Pwo.31 : 6-7

III. An nou wè ki plan Jezi te genyen

1. Li te vle demontre yo ke menm Bondye ki te bay pèp Israyèl la Mann pandan karant lane nan Dezè Sinayi a, se li menm menm ki pral bay tout pèp la manje kounyeya. Sòm.78 :24-25

2. Li te vle demontre ke li menm se Pen ki bay la vi a, e lap bay li an abondans. Jan. 6 :48 ; 10 :10

3. Li te vle montre yo, si gouvèman yo blije mete zafè manje nan politik, se paske legliz pa fè devwa'l, paske se reskonsablite sa menm Jezi te bay yo ansanm ak preche Levanjil la. Mat. 25 : 34-35; 28 :17-20 ; Tra.4 :32-37

Pou fini

Kretyen, menm si'l piti, an nou mete sa nou genyen an nan men Senyè a. Nan Letènite, li di li pral mete nou sou bò dwat li. Eske n'ap fè sa ?

Kesyon

1. Ki lè Jezi te envite disip yo pou y'al manje?
    Apre yo te finn bay li rapò sou misyon
    evanjelizasyon yo te fè nan bouk la

2. Ki kote li te chwazi pou y'al manje ? Betsayida

3. Ki pwoblèm yo te jwen ?
    Foul moun yo pa vle ale kay yo.

4. Ki sa disip yo te konseye Jezi ?
    Priye, bay benediksyon lapoula, voye moun yo ale.

5. Ki jan Jezi te reyaji a pwopozisyon saa ?
    Li mande disip yo pou bay pèp la manje.

6. Ki sa ki te dèyè tèt disip yo ?
    Se gouvènman ki la pou bay pèp manje.

7. Ki plan Jezi te genyen ?
    a. Li te vle demontre ke menm Bondye ki te bay
        pèp Israyèl la Mann nan Dezè a, se li menm
        menm ki pral bay tout pèp la manje kounyeya
        .
    b. Li te vle demontre ke li menm se Pen ki bay la
        vi a, an abondans.
    c. Li te vle montre yo ke gouvèman yo blije bay
        pèp manje paske Legliz pa fè devwa 'l.

8. Ki sa nou jwen kòm konsèy nan leson saa ?
    Mete nan men Jezi ti sa nou genyen an. Yon jou
    anwo nan syèl la, l'ap mete nou sou bò dwat li.

Leson 2
Ou pap janm ka nouri pèp la san fwa w nan Jezi

Vèsè pou prepare leson an : Jan.2 :1-10 ; Lik.5 :1-11 ;
Jan. 1 : 4 ; 4 :4-14 ; 7 :37-39
Vèsè pou li nan klas la : Mak.6 :35-43
Vèsè pou resite : Tout moun manje vant plen.Disip
yo ranmase tout ti moso pen yo ansanm ak rès pwason
yo. Yo plen douz panyen pote ale. Mak.6 : 42-43
Fason pou fè leson an : Diskou, konparezon, kesyon
Bi leson an : Montre ke ti sèvo nou pa kapab konnen
abondans ki genyen nan Jezi.

Pou komanse
Si Jezi ta mande w fè yon bagay ki twòp pou ou, ou pa
bezwen pè komanse'l. Se pwofesè w li ye. Chita pou w
tande'l.
I.   **Li vle pou w aprann aji fwa w.**
   1.   Li konnen byen sa w genyen an li piti anpil. Se
        li ki gen tout bagay e li se tout bagay.
        a.   Nan liv aritmetik nou an, nou aprann senk
             ak de fè sèt. Men nan liv aritmetik papa
             Bondye senk ak de se plis ke sa w bezwen.
        b.   Eske nou sonje mirak dlo tounen diven an
             nan maryaj ki te fèt Kana a ? Jan.2 : 6-9
        c.   Al rale zorèy Pyè, mande 'l pou'l bay ou
             yon lide sou kantite pwason li te pran lè
             Jezi te di'l « Jete nas la nan fon dlo a »
             Lik.5 : 4-6
        d.   Fè yon ti pale ak jennès Samari a. Li kapab
             di'w ki jan Jezi anvayi nanm li ak yon
             kaskad dlo ki monte jouk nan la vi ki pap
             janm fini an. Jan. 4 :14

II. Jezi vle bay relasyon syèl la a moun ki pa anyen

1. Moun ki mete konfyans yo nan mwen, y'ap wè gwo kouran dlo k'ap bay lavi koule soti nan kè yo, jan sa ekri nan Liv la. Jan.7 :37-38

   a. Pas dlo yo pa kenbe dlo yo pou kont yo. San kwa, lap leve lemouch, lap kale sansi, moustik pou bay moun maladi.

   b. Men, si vi'w konèkte ak Jezikri , lap tankou yon gwo kouran dlo pou moun ki swaf lapè, la jistis, padon ak lavi. La vi se nan li sa te ye. Se lavi sa ki te bay tout moun limyè. Jan. 1 : 4

Pou fini

Grangou se yon ka ijan. Komanse debouse frè m. Jezi te sèvi ak rezèv ti gason an ; kounyeya ti gason saa gen yon gwo rezèv nan syèl la. E ou menm, frè' m ak sè'm yo, Jezi bezwen sèvis ou. Kote rezèv nou ?

Kesyon

1. Ki sa'w dwe fè kan Jezi mande'w pou fè yon bagay ki twòp pou ou? Ou dwe obeyi'l lapoula.

2. Pouki sa ?
    a. Paske li konnen byen sa'l pra'l fè.
    b. Paske li vle devlope fwa nou.
    c. Li vle bay nou relasyon ak syèl la.

3. Jwen pi bon repons la :
    a. Jezi te gen yon gwo depo manje nan bouk Betsayida.
    b. Li te genyen zanmi ki rich ki te dakò peye manje pou tout moun yo.
    c. Li te vle fè tout moun konnen ke li menm se Bondye ki gen abondans la.

4. Se vre ou se fo :
    a. Nan liv aritmetik senk ak de fè sèt.__ V __F
    b. Ak Jezi senk ak de fè abondans __V __F
    c. Si ou gen fwa nan Jezi, ou va tounen yon sous ki bay anpil benediksyon. __V __ F
    d. Jezi multipliye tout sa ou mete nan men'l __ V__ F

Leson 3
Baryè ki te genyen pou mirak sa pat fèt

Vèsè pou prepare leson an : Mak.6 :30-44 ;
Lik.9 :10 ; Jan.1 : 44 ; 6 : 9-11
Vèsè pou li nan klas la : Mak.6 :35-43
Vèsè pou resite : Voye moun yo ale non pou yo ka
achte manje nan bouk yo.Mak.6 :36
Fason pou fè leson an : Diskou, konparezon, kesyon
Bi leson an : Montre ke lè nou chich, sa montre
povrete nou devan jenerozite Bondye ki pa gen limit.

Pou komanse
Tout moun ka wè ke lòd Jezi te bay disip yo pou bay
tout moun sa yo manje, se yon bagay ki enposib. Men,
ki pwoblèm li te genyen nan sa ?

I.   **An nou wè bò kote disip yo**
  1. Yo te wè tèt yo sèlman
     a. Pa gen menm yonn nan yo ki te dakò pou
        kontribye nan ti sa yo genyen an, pou
        nouri moun yo pa konnen, yon bann
        engra, parese, volè, wangatè, dapre yo.
        Mak.6 :35-36
     b. Yo te déjà fè bidjè yo. Pwoblèm sa pa
        regade yo.
  2. Dayè yon kote yo gen rezon
     a. Solèy finn kouche. Mak.6 : 35
     b. Se Jezi menm ki te bay yo yon ti tan konje
        a pou yo al manje. Mak.6 : 31
     c. Pèp la ki kanpe la toujou, se zafè pa Jezi.
        Yo pa konn koze yo. Mak.6 :33
     d. Moun yo pra'l vinn pi grangou si yo louvri
        ti sache manje yo nan piblik.

    e. Menm si yo ta gen desan goud pen , sa pa tap sifi pou kontante tout moun. Mak.6 :37

1. Disip yo vle evite yon pwoblèm. Men Jezi li menm, li vle evite yon gwo wont. Se pa moman pou w rete san fè anyen ou byen san pale.

    a. Si ou fè tankou ou pa dwe, ou dwe pi rèd

    b. Si ou fè tankou ou pa malad, ou malad pi rèd

    c. Si ou fè tankou ou pa gen pwoblèm nan maryaj ou, lè w gade maryaj la prèt pou 'l kraze.

    d. Alafen, ki sa w dwe fè ?

II. Mete Jezi okouran an ijans

1. Pwoblèm nan poze Betsayida nan peyi Filip, Pyè ak Andre . Lik. 9 :10 ; Jan.1 :44

2. Yo toule twa te kapab gen zanmi pou ede yo rezoud pwoblèm nan. Jezi pa mande yo sa. Li te pito sèvi ak manje yon ti moun. Jan.6 : 9,11

Pou fini

Tout eskiz ou vini ak li pou refize Jezi yon sèvis, yo kap bon men yo pa fè onè w. Jezi vle sèvi ak moun ki gen kouraj, sa vle di moun ki gen fwa nan li. Eske'l ka konte sou w?

Kesyon

1. Ki sa ki te anpeche disip yo kontribye pou nouri pèp la ?
   Yo te chich. Se tèt yo ase yo te wè.

2. Fè nou wè sa
   a. Yo di solèy finn kouche.
   b. Se Jezi menm ki te voye yo al manje.
   c. Yo pa konn koze pèp la, se zafè pa Jezi
   d. Moun yo pra'l vinn pi grangou si yo wè y'ap manje.
   e. Menm si yo ta gen desan goud pen , sa pa tap sifi pou yo.

3. Koman Jezi te wè sityasyon an ? Li te vle evite pran yon wont

4. Ki leson nou tire de sa ?
   Ou pa rezoud yon pwoblèm, lè ou fè tankou ou pa wè'l

Premye moun kap viktim se ti moun piti yo ak vye gran moun yo. Mak. 8 :3

2. Ou pa kite koulèb fin pase pou w swiv tras li. Vi anpil fanmiy andanje. Misyon Jezi genyen pou sove monn nan preske konpwomèt. Li pa kapab kite okazyon sa pase.

    a. Li fin ta, se vre, men li pa janm two ta pou fè dibyen. Li dwe pwofite okazyon an, menm si li fin ta! Jan.9 :4
    b. Konnen ke devouman fè nan yon jou sa ke pale anpil pa ka fè nan santan (100)
    c. Nou wè reta lè nou gade nan mont nou ki regle lè. Mont Jezi regle etènite. Li gen yon sèl zeguiy, li rele'l pòtinite. Konsa li pap janm two ta.

Lè gen ka grangou, maladi ak ka lanmò, tout pwogram odinè dwe sispann. Menm si li fin ta, Jezi ap tann pèp la bò lanmè a pou'l bay yo manje. Pa vin pale'l de solèy ki kouche kan gen obligasyon pou sove yon nanm.

Pou fini
Rejte tout eskiz devan ka ijan. An nou sove nanm yo kèlke swa sa sa ta koute nou!

Kesyon

1. Dapre leson saa, ki sa ki te nan tèt disip yo
   a. Sete lè pou fanmiy yo, se pa lè pou bay bouyon popilè.
   b. Yo déjà tou bouke, yo cheche fè sa ki pi fasil pou yo a.

2. Ki sa ki te yon sousi pou Jezi ?
   Bay pèp la manje pou yo gen fòs pou rive lakay yo.

3. Ki jan nou fè konn sa ?
   a. Li di « yo ka endispoze ak grangou nan wout la.
   b. Misyon 'l ka konpwomèt s'il pa aji tout swit.
   c. Li pa janm two ta pou moun fè byen.
   d. Mont Jezi kontwole eternite. Konsa li pa two ta.

4. Ki jan de ka ki pa ka tann ? Grangou, maladi, lanmò

5. Ki te pwensip Jezi ?
   a. Devan ka ijan, tout eskiz tonbe.
   b. Fè tout sa w konnen pou w sove yon nanm .

Leson 5
Fè yo chita

Vèsè pou prepare leson an : Plenn.3 :26 ; Mak. 6 :35-44 ; Jan.6 :11 ; 1Kor.14 :33
Vèsè pou li nan klas la : Mak.6 : 35-44
Vèsè pou resite : Sa bon pou nou rete dousman ap tann li vin delivre nou. **Plenn. 3 :26**
Fason pou fè leson an : Diskou, konparezon, kesyon
Bi leson an : Montre jan sa bon pou w rete tann Bondye.

Pou komanse
Bon ! Menli ! Men mo a tout moun tap tann nan. Jezi di : « **Fè yo chita** ». Ki sa sa vle di ?:

I. **Li vle bay moun yo yon leson sou disiplin.**
    1. Jezi mande disip yo pou mete yo pa gwoup 50 ak gwoup ki gen 100 moun ladan. Menm si tout moun grangou, se pa yon rezon pou moun ap pouse moun. Mak.6 : 39-40
        a. Li vle gen yon kontwòl de moun ki te jwenn manje a.
        b. Li te vle raple nou ke papa Bondye gen lòd. **Fòk ou oblije chita.** 1Kor.14 :33
        c. Li vle tout moun temwen mirak saa.
        d. Konsa, li distribye pen an **sèlman a moun ki te chita** ; sa vle di a moun ki te gen lafwa pou tann an silans sekou a kap vini de papa Bondye. Plenn.3 :26 ; Jan. 6 :11. Se te yon fason pou di Papa ki sa li te vle komande.

      e. Se te yon fason pou mande Bondye pou 'l gen mizerikòd pou pèp la ki grangou kant li pa gen dekwa pou nouri yo. Mak.6 :41

2. Disip yo pral kanpe la pou sèvi tout moun. Yo menm yo te grangou tou , men nan zafè lidèchip, fòk ou wè bezwen lòt moun avan bezwen pa w.

II. Ki jan Bondye rekonpanse lobeyisans moun yo ki te chitaa ?

1. Tout moun manje vant deboutonnen. Pa gen okenn dezòd ki te fèt. Mak.6 :42
2. Poutan, te gen apre sa douz panye byen plen ki te rete. Mak.6 :42-43

Pou fini

Pwochenn fwa nap fè resepsyon, sonje istwa saa pou resèpsyon nou pa gate. Ou mèt kwè m, nap kontan e Jezi ap glorifye.

Kesyon

1. Ki rezon Jezi te genyen pou'l mande pou moun yo chita?
   a. Li vle kontwòle konbyen moun ki te jwenn manje
   b. Li te vle raple nou ke papa Bondye gen lòd. Fòk ou oblije chita tann li
   c. Li vle tout moun temwen mirak saa.
   d. Konsa li distribye pen an sèlman a moun ki te chita ; Sa vle di a moun ki te gen lafwa pou tann an silans sekou a kap vini de Papa Bondye.

2. Ki sa senk pen a de pwason yo reprezante ?
   a. Echantiyon sa l bezwen an
   b. Limit mwayen li devan yon Bondye ki pa gen limit

3. Ki eleman nan lidèchip li te vle fè sòti ?
   Ou dwe sèvi vizitè ak envite yo dabò.

4. Ki kote lobeyisans pèp la te mennen'l
   a. Tout moun te chita byen trankil pou yo manje.
   b. Tout moun te kontante.
   c. Te gen rès ki rete.

Leson 6
Mete yo chita pa gwoup 50 ak 100

Vèsè pou prepare leson an: Sòm. 23: 4; 46 :1; Jer.1 :4; Mat. 10: 30; 25 :34; Mak.6 :37; 8 :3; Jan.10 :28; 14 :3; Rev.21: 10
Vèsè pou li nan klas la : Lik.9 :10-15
Vèsè pou resite : Pou nou menm menm, ata grenn cheve nan tèt nou, yo tout konte. **Mat.10 :30**
Fason pou fè leson an : Diskou, konparezon, kesyon
Bi leson an : Fè tout moun konnen ke Bondye konte nou nan rejis kontablite 'l ak nan kaye pewòl li.

Pou komanse
Fòk mwen di w se pa premye fwa Bondye konte'm.

I.   Ede'm konte.
1.   Bondye konte'm sèt fwa.
   a.   Premye fwaa, se kant li t'ap fè'm parèt sou tè saa. Jé. 1 :5
   b.   Dezyèm fwa a se lè l'ap bay mwen manje. Mak.6 : 39-40
   c.   Twazyèm fwa a se lè l'ap konte chak grenn cheve nan tèt mwen. Mat.10 :30
   d.   Katryèm fwa a se lè l'ap konte'm pami moun yo ki sove a. Jan.10 :28
   e.   Senkyèm fwa se lè mwen nan tout detrès, nan maladi e menm nan kote lavi a fè nwa tout bon. Sòm. 23 : 4 ; 46 :
   f.   Sizyèm fwaa1a se lè li pral resevwa 'm nan wayòm Papa'l. Mat. 25 : 34 ; Ap. 21 : 10
   g.   Setyèm fwaa, se pou' l envite' m chita akote'l nan syèl la. Jan.14 :3

II. Fason Jezikri panse

Menm si disip yo ta gen pitye pou pèp la, yo pap kontribye menm yon dola pou soulaje yo.

Men ak sajès li :

1. Jezi mete lèspwa nan kè lòm: « **Fè yo chita** »
2. Jezi ap defann enterè pati ki pi fèb la. Mak.8 :3
3. Li mande pou yo chita pou yo manje, pou bay yo sans de rèspè ak diyite. Sòm. 23 : 5
4. Li bay prèv ke li menm se Bon Bèje a, ki pou fè nou repoze nan bon patiraj. Sòm.23 :2
5. Li pa atake pwoblèm ki gen ijans nan pale anpil, men ak aksyon. Mak.6 :37
6. Pou rezon saa n'ap vle depann de li pou lavni nou. Mak.6 :41

Pou fini.

Ou menm ki kanpe a, ki sak fè ou kanpe toujou, ou pa vle chita tann benediksyon'l yo ?

Kesyon

1. Nan leson saa, di konbyen fwa Bondye konte'm.
   Sèt fwa

2. Ban omwens 4.
   a. Lè'm fèt
   b. Lè l'ap mete manje pou mwen
   c. Lè' m vin konvèti
   d. Lè 'l pral konte'm nan wayòm li.

3. Ki sa ki te mete lèspwa nan kè pèp la ?
   Jezi te di : « Fè yo chita »

4. Koman nou ka eksplike sajès Jezi a?
   a. Li fè moun yo chita.
   b. Li sèvi yo ak diyite.
   c. Li bay prèv ke li se Bon Bèje a ki fè mouton
      poze nan mitan vè patiraj.
   d. Li fè yon aksyon pou rezoud pwoblèm nan.
   e. Li pote nou a fè'l konfyans pou lavni nou.

5. Se vre ou se fo :
   a. Jezi sèvi moun yo ki te prese pou ale__ V__ F
   b. Li mande pou retire yon plat pou Manman
      Mari, 8 plat pour frè'l ak sè'l yo. __ V __F
   c. Jezi konsidere tout moun , li pa nan zafè moun
      pa. __ V __ F

Leson 7
Kondisyon obligatwa pou bay pèp la manje

Vèsè pou prepare leson an : Sòm. 41 :1 ; 136 : 25 ;
Mak. 8 : 1-7 ; Mat. 4 :3 ; Lik. 5 : 20 ; 6 : 35 ; Jan. 3 :16 ;
14 :27 ; 1Pi.1 :17-19 ; 1Jan.3 :17
Vèsè pou li nan klas la : Mak.8 :3
Vèsè pou resite : Si yon moun ki pa nan bezwen wè
yon frè li nan nesesite, si l' pa gen pitye pou li, yon
moun konsa pa ka pretann li renmen Bondye.
1Jan.3 :17
Fason pou fè leson an : Diskou, konparezon, kesyon
Bi leson an : Demontre ke diskou politik pa nouri pèp.

Pou komanse
Eske nou konnen ke pwomès kandida pa nouri mas
pèp la ? Jezi vini pito ak konpasyon

I. **Ki sa konpasyon an ye ?**
    Se pa di ou gen lapenn moun nan e ou rete ou pa
    fè anyen pou li.; Okontrè, kè 'w si tèlman fè'w
    mal, ou degaje'w pou ede'l. 1Jan.3 :17

II. **Ki jan Jezi te montre lapenn li pou pèp la?**
    1. Li pa fè regadan, li nouri ni bon ni mechan
        paske mizerikòd li anpil. Li pa janm sispan
        renmen nou. Sòm. 136 : 25 ; Lik.6 : 35b
    2. Li ofri gras, padon ak lapè a tout moun.
        Lik.5 :20 ; Jan.14 :27
        Se pa nesesè pou envante vaksen pou sove le
        monn. San Jezi Sou bwa Kalvè sifi.
        1Pyè.1 :18-19
        Paske Bondye gen si tèlman la penn monn nan
        ke li bay yon sèl pitit li an sakrifis pou tout

Leson 4
Li fin ta

Vèsè pou prepare leson an : Mak.6 : 35-44 ; 8 :3 ;
Jan.9 :4 ;
Vèsè pou li nan klas la : Mak.6 : 35-44
Vèsè pou resite : Lè li te kòmanse fè ta, disip yo
pwoche bò kote Jezi, yo di li: -Li fin ta, wi. Pa gen moun
rete bò isit la. Voye moun yo ale non pou yo ka achte
manje nan bouk yo. Mak.6 :35-36
Fason pou fè leson an : Diskou, konparezon, kesyon
Bi leson an : Montre ke tout pwogram, tout pwotokòl
tonbe devan yon ka ijan.

Pou komanse
Ou santi w deranje w kant ou oblije fè yon bagay nan
lè ou pat dispoze fè'l. Men ki sa'w ka di si se yon ka
ijan ? Eske w ta dwe pran pretèks pou w rale kò 'w mete
w a kote ?

I.   **Disip yo te genyen lòt bagay nan tèt yo**
      1. Lè a te déjà depase pou y'al manje. Sete lè pou
          tout moun chita ak fanmiy ou, men se pat lè
          pou bouyon popilè. Si Jezi te kandida, yo
          menm , yo pat dispoze pou y'al vote.
      2. Déjà yo te fatige. Se tout nòmal pou yo chèche
          solisyon an ki pi fasil la. Mak. 6 :35-36

II.   **Jezi te genyen lòt bagay nan tèt li tou.**
      1. Pwoblèm nan ap vin pi grav si ou ranvwaye
          solisyon an. Pou Jezi, bay pèp la soupe pou yo
          pal dòmi grangou, se te yon ka ijan. **Li di
          grangou ka endispoze yo nan wout la.**

moun ki kwè nan li pa peri men pou yo gen Lavi etènèl. Jan.3 :16

III. Yon sèl demach ki konte : Fè sa'w dwe fè a.
1. Satan le Dyab konnen ke nou dwe manje. Li pa bay manje tout bon an. Lè Jezi te fin jene 40 jou, li pa ofri Jezi ni yon CD, ni yon tikè avyon ou byen yon diplòm, li ofri' l manje sa ke li pa ka manje. Wòch ! Mat. 4 : 3
2. Jezi konnen nou dwe manje. Sansa nou pap ka rive kote nou prale a. Li bay nou manje tout bon Mak .8 :3

Pou fini
Gen yon jou sa pap mache pou 'w. Men si ou gen lapenn pou pòv malere yo, Bondye ap vinn delivre'w. Lap fè sa pou 'w paske ou gen rezèv ou chita anwo nan syèl la.   Lap sèvi 'w. Jezi di sa. Ou mèt kwè'l. Sòm. 41 :1

Kesyon

1. Chwazi nan sa yo ki lès ki kap nouri yon pèp :
   __Pwomès__ Kermès _ Konpasyon

2. Di ki sa konpasyon an ye. Kè 'w fè'w mal pou moun nan , ou kouri vin ede'l nan pwoblèm li an

3. Ki jan Jezi te montre li gen konpasyon pou pèp la ?
   a. Li te nouri ni moun ki bon ni moun ki mechan.
   b. Li ofri lapè, padon e gras li a tout moun.

4. Ki pi gwo vaksen ki genyen pou sove monn nan ?
   San Jezi sou bwa Kalvè a.

5. Pouki sa nou di ke Satan gen bon konprann ?
   Li konnen tout moun dwe manje.

6. Pouki sa nou di ke Jezi gen bon konprann ?
   Li envite disip yo pou yo aji tou swit pou sove moun yo anba grangou.

7. Ki sa depans ou fè pou moun ak tout kè 'w reprezante?
   Depo nan bank Bondye nan syèl la.

Leson 8
Bay pèp la manje menm si'w pa genyen

Vèsè pou prepare leson an : Mat.14 : 13-21 ; Mak. 6 : 49-52 ; Lik.4 :38-39 ; Jan. 1 :3 ; 10 :10 ; 7 :37-38 ; 16 : 28-30

Vèsè pou li nan klas la : Mal.3 :10-11

Vèsè pou resite : Se li ki bay tout moun ak tout zannimo manje. Wi, li p'ap janm sispann renmen nou!

Sòm. 136 :25

Fason pou fè leson an : Diskou, konparezon, kesyon

Bi leson an : Montre ke rezèv nou fini egzakteman kote abondans Jezi komanse.

Pou komanse

Si ou antre yon kote, e ou pa gen pèson pou prezante'w, ou dwe prezante tèt ou ak valè ou gen nan ou menm.

I.   **Ki sa ki te pase ?**

Jezi travèse Lanmè Tiberyad la pou'l ale Betsayida. Betsayida se yon mo ki vle di : « Kay ki gen pwason an » Li rive jodia ke Mezon pwason an pa gen menm yon pwason pou nouri yon pèp k'ap mouri ak grangou.

II. **Sa nou dwe sonje :**

1.   Jezi pa sèvi ak èd disip yo pou fè mirak la. Li pito sèvi ak èd yon ti moun. Li pa janm di moun "tanpri souple ». Gen rezon pou Jezi ta repwoche disip yo :

a.   Li te geri bèlmè Pyè gratis. Lik. 4 : 38-39

25

b. Pandan tout tan, y'ap manje y'ap bwè sou kont Jezi. Se li ki rezoud tout pwoblèm yo gratis.
Poutan, men Jezi devan yon ka ijan, pèson pa dispoze pou kontribye !

2. Mak bay nou pouki rezon : kè yo te vinn di, paske yo pat fè Jezi konfyans. **Mak 6 :49-52**

III. Ki sa nou vinn konprann :
1. **Disip yo te batize. An nou di yo manm Legliz. Yo etidyan nan Seminè Jezikri pou twazan. Poutan, yo yonn pat konvèti. Se sèlman kenzè de tan konsa avan Jezi monte sou kwa a ke yo avre ke yo kwè nan Jezi.** Jan. 16 :28-30
2. Yonn nan yo pat kalifye pou patisipe nan mirak Jezi a paske se sèlman moun ki kwè ki ka resevwa gras Bondye nan li tankou yon gwo flèv kap koule. Jan.7 :37

IV. Ki fason Jezi te reyaji
1. Enkredilite disip yo pa yon pwoblèm pou Jezi montre ke li menm se Senyè a. Se li ki kreye tout bagay. Li souveren e li ka montre sa devan tout moun. Jan.1 : 3
2. Yo te mèt rete chich, sa pap janm anpeche Jezi montre jenerozite'l. Jan.10 :10

Pou fini
Kontribye nan kominote nou se yon privilèj li ye. Pwofite okazyon sa yo.

Kesyon

1. Ki sa'w dwe fè si ou rive yon kote ou pa gen moun ki pou prezante'w ? Ou prezante tèt ou ou menm gras a sa ou ka fè.

2. Ki sa Betsayida vle di ? Kay pwason an

3. Pouki rezon disip yo ta merite repwoche?
   a. Li te geri belmè Pyè gratis.
   b. Pandan lontan y'ap manje y'ap bwè sou kont Jezi. Se li ki rezoud tout pwoblèm yo gratis.
   c. Poutan, men Jezi devan yon ka ijan, pèson pa dispoze pou kontribye !

4. Pouki rezon yo te refize Jezi sèvis yo ?
   a. Yo pat kwè nan li.
   b. Kè yo te vinn di.

5. Ki sa nou kap konprann nan sa ?
   Batèm ak konesans nan bib la pa chanje kè moun.

6. Ki jan Jezi aji lè li wè, tout bon vre, disip yo pa vle kontribye?
   Li aji ak tout pouvwa li pou montre jenerozite'l

Leson 9
Ki kondisyon pou mirak la posib

Vèsè pou prepare leson an : Sòm.136 :25 ; Es. 55 :1-3 ; Mak.6 :34 ; Ep.2 :8 ; Ja.1 :17
Vèsè pou li nan klas la : Sòm.136 : 17-26
Vèsè pou resite : Paske, ak pouvwa k'ap travay nan nou an, li kapab fè pi plis pase tou sa nou ka mande, pi plis pase tou sa nou ka mete nan lide nou.Wi, tout lwanj lan pou Bondye nan legliz la ak nan Jezikri, pou tout tan ak pou tout tan. Amèn. Se sa! **Ep.3 :20-21**
Fason pou fè leson an : Diskou, konparezon, kesyon
Bi leson an : Montre ke tout mirak Jezi fè egzije ou kontribye ladan.

Pou komanse
Jezi pa janmen parèt devan yon foul moun pou fè wè. Si li montre prezans li nan sosyete a, se paske teren an tou prepare pou'l manifeste 'l. An nou ekzplike sa :

I. **Fòk gen yon nesesite pou sa.**
Tankou brebi ki pa gen bèje, kote Jezi pran, foul la pran dèye'l tou, tout la jounen. Puiske se pou li yo vini, li pa vle voye yo ale san soupe. Fòk yo manje. Mak.6 : 34

II. **Fò ke gen twa moun ki patisipe :**
1. **Bondye Providans la** : Sila ki nouri tout moun nan. Sòm.136 : 25
2. **Jezi atiprenè a.** Tout bagay dwe pase pa li avan'l vinn jwen nou. Jan. 14 :14
3. **Lòm ki pra'l resevwa gras la**
An nou di tout gras ak tout don gratis. Ja.1 :17

III. Fòk gen yon kantite ou pa ta kwè

Pèson pa kap konnen egzakteman ki kantite manje
ki ka nouri foul la paske foul la li menm, li pa
konnen tout kantite a li bezwen. Li blije mete'l sou
kont mizerikòd Papa Bondye. Ef.2 :8

Kantite a dwe pou depase sa nou te kap mande ou
panse. Ep.3 :20

Se la prezans Jezi nesesè pou ke pen an ak pwason
an ka sifi pou kontante tout moun. Mak.6 :41

IV. Fòk genyen yon mesaj ki rete kòm souvni

1. Disip yo wè yon obstak. Jezi wè yon mirak.
   Disip yo wè yon bidjè, Jezi wè yon pwojè.
2. Lòske li te mande disip yo pou bay pèp la
   manje, se te yon fason pou fè konsyans yo
   pale. Mak. 6 :37
3. Mete tou nan tèt nou ke Jezi pa janmen fè yon
   mirak sans patisipasyon moun nan kap
   benefisye mirak la. Si moun nan pa konsyan ni
   kapab, li pral aji dapre mizerikòd li.

Pou fini

Lè nou kontribye onon de Jezi, se yon lajan sere ki
garanti. Se yon avans li ye sou benediksyon yo ki gen
pou vini. Bay !... Bay !....Bay !...

Kesyon

1. Ki kondisyon ki pou ranpli pou Jezi fè yon mirak ?
   a. Fòk gen yon bezwen tout bon.
   b. Fòk gen partisipasyon twa moun
   c. Fòk nou jwen plis pase sa nou tap tann.
   d. Fòk gen yon mesaj pou tout moun ka sonje.

2. Ki jan de bezwen te genyen ?
   Yon foul ki t'ap mache dèyè Jezi depi maten jouk solèy kouche. Yo grangou

3. Ki moun ki dwe patisipe nan mirak la ?
   Bondye Providans la ; Jezi kap plede pou nou e nou menm kap tann reziltaa.

4. Ki kantite pwason ki ka kontante moun yo?
   Pèsonn pa konnen. Li depann de mizerikòd Bondye.

5. Ki sa ki te nan lide Jezi?
   Delivre yon mesaj ki ka rete tout tan nan tèt moun yo.

6. Se vre ou se fo
   a. Si yon kretyen pa kontribye, nou dwe kritike'l __ V __ F
   b. Si yon kretyen pa vle kontribye, syèl la ap bay sa ki manke a. __ V __F
   c. Kontribye se yon privilèj __ V __ F
   d. Genyen anpil kretyen ki vinn Legliz se sèlman pou resevwa, men yo pap kontribye. __V __ F

Leson 10
Ki jan dekoupe wout pou rive avan Jezi ?

Vèsè pou prepare leson an : Eza.55 : 1-5 ; Mak. 6
  :12-44 ; Jan.7 : 46
Vèsè pou li nan klas la : Eza. 55 : 1-5
Vèsè pou resite : Vini non, nou tout ki swaf dlo. Men
dlo! Vini non, nou tout ki pa gen lajan, nou mèt vini.
Achte manje pou nou manje. Nou pa bezwen lajan!
Achte diven ak lèt pou nou bwè. Nou pa bezwen peye!
Eza. 55 :1
Fason pou fè leson an : Diskou, konparezon, kesyon
Bi leson an : Montre koman fwa nan Jezi fè
benediksyon yo rive lapoula.

Pou komanse
An nou gade bèl videyo sa ! : Eske 'w wè moun kap
kouri pou rive Betsayida avan Jezi ? Gade ki jan yo soti
tou patou pou yo kanpe sou plaj la. Ou pa ta renmen
mande yo pouki tout demach saa ?

I.   **Se paske yo gen anpil enterè nan Jezi**
  1. Gade byen pou w wè: Jezi sou lanmè a ap kite
      Tiberyad pou rive Betsayida tandis ke pèp la
      ap fè ronn lanmè a apye pou rive menm kote
      a. Mak.6 :33
  2. Wout a pye a pi long e li pi difisil paske sab la
      bò rivaj la lou, yo pa kapab mache vit.
  3. Yo reziye yo kan menm. Poukisa?
      a.   Gen nan yo se te sèl chans yo te genyen
           pou yo wè Jezi.

b. Benediksyon yo pral jwen nan, li gratis e pa gen tankou'l. Ou pap janmen gen kòb ase pou peye'l. Eza. 55 :1

c. Mesaj Jezikri yo pa kanmarad diskou politisyen yo tankou diskou Pilat ak Ewòd Jan. 7 : 46

d. Yo pa kapab konpare ak rit, seremoni Levit yo, nan yon relijyon ki pa kapab satisfè bezwen pèp la.

II. Pèp la te byen deside

1. Li depouye' de tout sa ki te kap anpeche'l mache vit tankou vye liv majik, zanmi, jwèt. Li depouye'l de tout.

2. Nan ka ijan sa, pa gen okenn koutwazi ki ka fèt. Moun pile moun, y'ap prese pou yo wè Jezi.

   a. Puiske yo pa lakay yo, kote yo te alèz pou jwen tout bagay anba zye yo, yo te oblije fèmen zye yo sou tout zafè prejije ni gade moun sou zepòl paske favè Jezi yo te gratis. Eza. 55 : 1

III. Li dwe gen yon fwa total nan Jezi.

Si nou swiv byen, yo pa fè okenn move mannyè kan disip yo mande yo pou yo chita sou zèb la. Mak 6 :39

Pou fini

Eske se tout bon vre ou vle wè Jezi ?

Kesyon

1. Pouki sa pèp la fè wonn plaj la apye pou gen tan jwen ak Jezi ? Yo te gen enterè pou sa.

2. Ki enterè ?
    a. Gen nan yo ki soti lwen. Se te ka sèl chans yo te genyen pou yo te wè Jezi.
    b. Yo pap depanse senk kòb pou jwen benediksyon yo.
    c. Yo bouke ak relijyon.
    d. Yo te swaf tande mesaj Jezikri.

3. An nou imajinen ki sa yo ta dwe sakrifye pou jwen ak Jezi
    a. Pwogram yo, zanmi yo, liv majik yo, plezi pèsonèl yo.
    b. Yo mete a kote tout pwensip. Yo dakò menm pou yo chita atè pou tande Jezi..

4. Bay bon repons la.
    Pou' w rive avan Jesi :
    a. Fòk ou gen yon dronn
    b. Fòk ou gen yon bon bato touris
    c. Fòk ou depouye.

5. Bay pi bon fason pou'w rankonte Jezi
    a. Se pou'w ale nan Utube ou byen nan Google
    b. Se pou w ale nan yon gwo Legliz
    c. Se pou'w ale nan bib la, Pawòl Bondye a

Leson 11
Pouki sa yo pale sèlman de miltiplikasyon pen?

Vèsè pou prepare leson an : Eza. 53 : 3-7 ; Mat. 17 :21 ; 28 :19-20 ; Lik. 13 : 21 ; Jan. 5 :39-40 ; 6 :47-52 ; 16 : 8

Vèsè pou li nan klas la : Jan.6 : 47-59

Vèsè pou resite : Se mwen menm pen ki bay lavi a. **Jan.6 : 48**

Fason pou fè leson an : Diskou, konparezon, kesyon

Bi leson an : Montre ki jan Jezi pale sitou de pen an pou li kap prezante tèt li tankou Mesi ki vin pou soufri pou nou.

Pou komanse

Men kesyon an : Pouki sa nan mirak saa yo pale sèlman de miltiplikasyon pen ?

I. **Jezi te vle prezante nou ki moun li ye.**
   1. Li pa janm di : « **Mwen se pwason ki bay la vi** ».
   2. Pouki sa ? Avan ou manje yon pen, fòk ou konnen ki kantite matir li pase : Yo seche ble a, yo frote'l anba pye, yo laye'l, yo vannen'l pou'l tounen farin.
   Yo prepare pat la ak dlo, disèl ak luil, yo pase'l plizyè fwa nan petren. Apre sa yo mete'l nan fou pou'l kwit

II. **Jezi peze sou misyon'l kòm Bondye** : Se li ki pen ki bay la vi, e ki dwe distribye pou lemonn ante, pou sove pechè yo. Jan.6 :48
   1. Tankou ble a, yo kritike'l, yo imilye'l devan tout moun, yo petri'l ak mo sal, yo mete kouwòn pikan sou tèt li. Pou byen di : Li se yon moun ki viv ak soufrans sèlman, Eza. 53:3

III. Nan miltiplikasyon pwason, Jezi te vle peze sou misyon pa nou.

1. Pwason an pap janm vini nan chodyè nou pou kont li. Fòk nou **prepare** pou'n al peche'l.
2. Nanm yo ki pèdi pap janm vinn konvèti si nou pa soti pou al evanjelize yo. Se poutèt sa nou dwe :
   a. Konnen Jezi e konnen Pawòl li. Jan.5 :39
   b. Konnen jan moun yo viv, ak lang yo pale pou yo tande e konpran pawòl la. Lik.13 :21
   c. Gen yon bon temwayaj, e mennen yon bon vi nan jenn ak lapriyè. Mat. 17 :21
   d. Gen Sentespri a nan nou pou konvenk moun nan. Jan. 16 :8
3. De (2) pwason yo reprezante toudabò **payen nan dlo sale le monn nan** e answit **ti moun legliz ki nan dlo dous Levanjil la paske paran yo kretyen.** Nou bezwen al peche toulede. Mat.28 :19-20

Pou fini

Jezi akonpli travay pa'l. Eske nou pare pou akonpli pa nou ?

Kesyon

1. Pouki sa nan mirak sa, yo pale sèlman de miltiplikasyon pen ?
   Jezi peze sou misyon'l kòm Bondye : Se li ki pen ki bay la vi, e ki dwe distribye'l pou lemonn antye ka sove anba peche yo.

2. Montre nou sa :
   a. Li pa janm di : « Mwen se pwason ki bay la vi ».
   b. Avan ou manje yon pen, fòk ou konnen ki kantite matir li pase : Yo seche ble , yo frote'l anba pye, yo laye'l, yo vannen'l pou'l tounen farin.
   c. Yo prepare pat la ak dlo, ak disèl ak luil, yo pase'l plizyè fwa nan petren. Apre sa yo mete'l nan fou pou'l kwit.

3. Ki mesaj nou tire nan miltiplikasyon pwason an ?
   Jezi mete enpòtans sou misyon pa nou.

4. Montre nou sa :
   a. Pwason an pap janm vini nan chodyè nou pou kont li. Fòk nou ale peche'l nan dlo l.
   b. Nou dwe ale pou preche moun yo pawòl la.

5. Ki sa nou bezwen pou fè sa ?
   Nou bezwen
   a. Konnen Jezi pou kont nou.
   b. Konnen lang moun yo ak fason yo viv
   c. Nou dwe gen yon bon temwayaj.
   d. Nou dwe viv nan jenn ak la priyè.

6. Ki sa de (2) pwason yo reprezante ?
   a. Pwason **dlo sale a**, se payen yo ki nan tout sa ki pa bon nan monn nan.
   b. Pwason **dlo dous la**, se anfan de la pwomès ki nan legliz ; yo menm kwè ke yo déjà konvèti.
   c. Toulede reprezante kantite travay Jezi kite pou nou

Leson 12
Pen vivan an ki soti nan syèl

Vèsè pou prepare leson an : Sòm. 23 :6 ; Jan. 3 :16 ;
6 : 31-57 ; 11 :25-26 ; Rev.1 :18
Vèsè pou li nan klas la : Ef.1 :1-6
Vèsè pou resite : Men, moun ki manje pen ki desann
sot nan syèl la, yo p'ap janm mouri..**Jan.6 :50**
Fason pou fè leson an : Diskou, konparezon, kesyon
Bi leson an : Deklare an parabòl ke li se Mesi a.

Pou komanse
Jezi di : « **Mwen se pen ki bay lavi a** ». Ki kalite koze
sa ? An nou koute pito :

I.   **Jezi espesyal**
   1. Dapre kote li soti : Li soti nan syèl. Jan.6 :32
   2. Dapre sa ki nan li menm : Li se Pen vivan, yon
      pen okonplè. **Men puiske'l soti nan syèl, sa
      vle di li etènèl.** Jan.6 : 33
   3. Dapre sa'l ka fè : Si ou asepte manje pen saa,
      ou resevwa la vi etènèl nan ou menm.
      Jan.6 : 35

II. **Ki jan pou'w jwen li ?**
   1. Fòk Bondye li menm te atire'w, li
      seleksyonen'w depi avan monn sa te kreye
      Jan.6 : 44 ; Ep.1 : 4-5
   2. Fòk ou manje kò'l e bwè san'l » Jan.6 :56
      a. Sa vle di ke ou kwè nan sakrifis de Jezi
         tankou ti mouton Bondye voye pou mouri
         nan plas nou pou nou kap sove.

    b. Sa vle di ke 'w asèpte tout desizyon Bondye te déjà pran pou li voye Jezi tankou yon parachit paske li konnen ke lòm pra'l fè yon chit.Jan.3 :16

III. Ki sa ki pral rive ?

Kris ap aji nan tout vi 'w. Ou pral vinn menm jan tankou'l ak Papa'l. Jan.6 : 57

1. Syèl la pap yon mistè pou 'w ankò. Dezòmè, Syèl la se kay ou. Sòm.23 :6
2. Jezi ki resisite moun e ki bay la vi a, ap arete mouche lanmò pou se li menm ki resisite'w nan dènye jou a. Jan.11 :25-26 ; Rev.1 :18

Pou fini

Jezi se li ki Mann tout bon ki desann soti nan syèl. Depi ou resevewa'l nan kè'w, lamenm ou gen dwa pou'w antre nan syèl la. Eske'w vle aplike pou sa ? Randevou a se nan pye Kalvè a. Vini. Vini. Vini kounyeya.

Kesyon

1. Pouki sa Jezi di ke li menm se Pen vivan an ?
   a. Se paske li soti nan syèl. Li etènèl.
   b. Si ou manje pen sa ou gen la vi etènèl.

2. Ki jan pou 'w jwen li?
   Fòk Bondye li menm te atire'w, li seleksyonen'w depi avan monn sa te kreye.
   Fòk ou manje kò'l e bwè san'l »

3. Ki sa sa vle di « manje kò e bwè san Jezikri ?
   a. Sa vle di ke ou kwè nan sakrifis Jezikri ki te mouri nan plas ou pou padonen peche w.
   b. Sa vle di ke 'w asèpte tout desizyon Bondye te déjà pran pou li voye Jezi tankou yon parachit paske li konnen ke lòm pra'l fè yon chit

4. Ki sa kap rive lè ou asèpte manje kò Jezikri e bwè san'l?
   a. Kris ap aji nan tout vi 'w. Ou pral vinn menm jan tankou'l ak Papa'l.
   b. Syèl la pap yon mistè pou 'w ankò. Se li ki pral kay ou.
   c. Jezi ki resisite moun e ki bay la vi a, ap wete pouvwa lanmò sou 'w. Jezikri a resisite'w nan dènye jou a.

5. Se vre ou se fo
   a. Krisyanis la se relijyon moun ki manje moun.
   __V __F
   b. Jezi te mouri pou tèt pa'l se pa pou mwen.
   __V__F
   c. Jezi mouri nan plas mwen pou bay mwen lavi.
   __ V__ F
   d. Sa ke w'ap panse mete pre lòm parèy ou_V _F
   e. Lafwa nan Bondye mennen'w jwen Bondye.
   __ V __ F

Lis vèsè yo

1. Jezi reponn yo: -Poukisa nou pa ba yo manje nou menm pito? Disip yo mande li: -Ou ta vle poun al achte pen pou mil (1.000) goud poun bay tout moun sa yo manje. Mak.6 :37

2. Tout moun manje vant plen. Disip yo ranmase tout ti moso pen yo ansanm ak rès pwason yo. Yo plen douz panyen pote ale. Mak. 6 :42-43

3. Voye moun yo ale non pou yo ka achte manje nan bouk yo.. Mak. 6 :36

4. Lè li te kòmanse fè ta, disip yo pwoche bò kote Jezi, yo di li: -Li fin ta, wi. Pa gen moun rete bò isit la.Voye moun yo ale non pou yo ka achte manje nan bouk yo.. Mak.6 :35-36

5. Sa bon pou nou rete dousman ap tann li vin delivre nou. Plenn.3 :26

6. Pou nou menm menm, ata grenn cheve nan tèt nou, yo tout konte. Mat. 10 :30

7. Si yon moun ki pa nan bezwen wè yon frè li nan nesesite, si l' pa gen pitye pou li, yon moun konsa pa ka pretann li renmen Bondye. 1Jan.3 :17

8. Se li ki bay tout moun ak tout zannimo manje. Wi, li p'ap janm sispann renmen nou! Sòm. 136 :25

9. Tout lwanj lan se pou Bondye. Paske, ak pouvwa k'ap travay nan nou an, li kapab fè pi plis pase tou

sa nou ka mande, pi plis pase tou sa nou ka mete nan lide nou.Wi, tout lwanj lan pou Bondye nan legliz la ak nan Jezikri, pou tout tan ak pou tout tan. Amèn. Se sa menm! Ef 3 :20

10. Vini non, nou tout ki swaf dlo. Men dlo! Vini non, nou tout ki pa gen lajan, nou mèt vini. Achte manje pou nou manje. Nou pa bezwen lajan! Achte diven ak lèt pou nou bwè. Nou pa bezwen peye Eza 55 :1

11. Se mwen menm pen ki bay lavi a. Jan 6 :48

12. en, moun ki manje pen ki desann sot nan syèl la, yo p'ap janm mouri. Jan.6 :50

Evalyasyon

1. Nan douz leson yo ou soti wè a, ki lès nan yo ki pi touche w ?
   a. Pou tèt pa w ?_____
   b. Pou fanmiy w? _____
   c. Pou 'legliz ou?_____
   d. Pou peyi w?_____

2. Ki desizyon w apre klas la?
   _____

3. Ki konsèy ou ta bay Lekòl dimanch la :
   _____

4. Kesyon pèsonèl :
   Ki jan de kontribisyon mwen te kap pote nan
   Legliz la?_____
   Ki jefò mwen fè pou m amelyore
   kondisyon l_____
   Si Jezi vini kounyeya, eske mwen pral fyè de
   travay mwen? _____

DIFE K AP BOULVÈSE A

Seri 2

SE PREMYE PA A KI KONTE?

Avangou

Ki bèl bagay sa pou yon moun kanpe sou rivaj la pou ap gade bèl lanmè ! Men ki sa sa sèvi pou pechè pwason yo, pou moun kap chèche dekouvri sa ki genyen nan lanmè ansanm ak vwayajè yo ? Moun sa yo yo menm, yo vle dominen lanmè a paske yon gen yon bi nan tèt yo yo vle atenn. Se sa ki fè yo pran desizyon pou yo monte lanmè a. Se premye pa sa ki koute. Se tou premye pa sa ki konte. Eske'w vle eseye ?

Pastè Renaut Pierre-Louis

Leson 1
Premye pa Abraram

Vèsè pou prepare leson an : Jen. 12 :1-3 ; 17 :1 ;
13 :1-2 ; 22 :2 ; Jér. 29 :11-13 ; Lik.16 :22
Vèsè pou li nan klas la : Jen. 12 :1-3
Vèsè pou resite : M'ap ba ou anpil pitit pitit. Y'a
tounen yon gwo nasyon. m'a beni ou. Y'a nonmen non
ou toupatou; w'a sèvi yon benediksyon pou tout moun.
Jen. 12 :2
Fason pou fè leson an : Diskou, konparezon, kesyon
Bi leson an : Montre ke lobeyisans a Bondye se
premye pa ki pote benediksyon.

Pou komanse
Tout sa ni Bondye ni nou menm reyalize soti nan yon
desizyon. Abraram pral pran yon desizyon e nou pral
wè tou kote desizyon sa mennen'l.

I.   Ki jan li te pran desizyon an ?
1.   Ou mèt kwè, ke li te gen yon tan, kote li t'ap
reflechi sou bon ak move kote relijyon'l nan ki
gen yon kòlonn Dye.
Si tout bagay ki fèt gen yon kòz dèyè'l, nou ka
di tou, ke yon bagay ki fèt pa gen dwa fè moun
nan ki fè'l la. Konsa yon soulye pa kap fè yon
kodonye, yon mont pa kapab fè yon oloje, yon
kay pa kap fè yon mason. Menm jan tou, yon
zidòl pa kapab fè Bondye.

2. Abraram te pran desizyon pou'l chèche Bondye toyt bon an, sila ki fè tout bagay la. Si se konsa, Bondye tout bon an dwe egziste e li gen dwa revele'l pou moun ka konnen'l.
Jér. 29 :13

II. Ki jan revelasyon saa te fèt ?
1. Li te fèt ti kras pa ti kras :
   a. Letènèl mande'l pou'l kite peyi'l, fanmiy ak patri 'l pou ale kote li vle mennen'l.
   Jen. 12 : 1
   Sa vle di pou'l renonse a fanmiy, a fason li te konn viv e renonse tou a tout pozisyon nan politik peyi'l pou'l obeyi sèlman a Dye ke li fèk asepte a.
   b. Bondye sa pwomèt pou'l fè'l tounen yon gwo nasyon Jen.12 :1
   c. Pi devan li va di Abraram ke li gen yon lòt non, se El-Shaddai. Jen.17 :1
   d. Kounyeya li bay misye yon pitit gason e li mande'l pou'l fè'l kado'l nan yon sakrifis. Tout sa se pou'l aprann Abraram pou'l gade sou Bondye men pa sou byen materyèl, menm si se te yon pitit.
   Jen.22 : 2

III. E ki sa sa te rapòte Abraram ?
1. Bondye te fè'l rich anpil. Jen.13 :1-2
2. Li papa yon kòlonn nasyon. Jen.12 :2
3. Jouk nan letènite, Bondye ap lonmen non'l. Lik 16 : 22

Pou fini

Abraram te asèpte fè premye paa. Pa saa rele lafwa.
Eske w'ap asèpte fè menm jan tou ?

Kesyon

1. Pouki rezon Abraram t'ap chèche konnen Bondye
   tout bon an?
   a. Paske yon kòz te la avan efè a.
   b. Menm jan yon soulye pa ka fè yon kòdonye,
      konsa tou, yon zidòl pa kapab fè yon Bondye.

2. Ki jan Bondye te revele'l a Abraram ?
   Ti kras pa ti kras

3. Ki sa li te benefisye nan Bondye ?
   a. Bondye te fè'l rich anpil.
   b. Li te vinn papa yon kòlonn nasyon.
   c. Jouk kounyeya, non'l ap nonmen nan syèl la.

4. Ki premye pa ki te koute Abraram ?
   Li te dwe kite peyi'l, fanmiy li ak tout pozisyon nan
   politik peyi'l pou'l swiv Bondye.

5. Koman nou rele pa saa?
   Lafwa

Leson 2
Premye pa Rebeka

Vèsè pou prepare leson an : Jen. 24 : 1-67 ; 25 :24-26
Vèsè pou li nan klas la : Jen. 24 : 49-58
Vèsè pou resite : Ou menm, Bondye, w'ap ba yo kè poze! Moun ki toujou kenbe pwomès yo, wi, w'ap ba yo kè poze, paske yo mete konfyans yo nan ou! Eza. 26 :3
Fason pou fè leson an : Diskou, konparezon, kesyon
Bi leson an : Montre koman desizyon yon jen fiy dakò ap paran'l garanti maryaj li.

Pou komanse

Pa gen yon jenn fiy kay paran'l ki pa ta renmen fonde yon fwaye, pou'l gen pitit pa'l. Lide sa tap mache nan tèt yon jenn fiy kan bagay yo mache pou li. An nou antre nan mezon Betyèl.

I. **Rebeka, pitit Betyèl te gadò mouton.**

1. Bò pi kote li pra'l tire dlo pou bèt yo, li jwen yon mesye chita la. Sete kontab nan kay Abraram. Mesye sa mande'l ti gout dlo pou'l bwè. Jen. 24 : 17-20

    a. Pou jan ti fiy la prese sèvi'l dlo a ak bon jan, li déjà wè Bondye reponn priyè'l.. Jen. 24 :13-14

    b. Jenn fiy sa te yon moun ki kare e li te konn resevwa moun byen. Jen. 24 : 24-25

    c. Li di tout bagay a paran'l e li menm montre yo kado mesye a te bay li. Jen. 24 : 28, 30

2. Li koute byen sa mesye a ap di de Bondye ki dirije'l. Jen. 24 :42-49

3. Li finn pran konsantman paran'l avan li dakò pou swiv mesye a. Jen. 24 :51, 58

II. Ki kote sa te rive

Men kote desizyon 'l nan mennen'l

1. Li pral marye ak yon moun nan Bondye e ke paran yo len konn lòt. Jen. 24 : 15, 38
2. Li pral fè de jimo. Ezaou ak Jakòb ki te vin papa plizyè nasyon. Jen. 25 : 24-26

Pou fini

Konsèy mwen ta bay ou jenn fiy se pa fè enteresant chèch kan Bondye chwazi yon moun pou'w marye ak li. Pran desizyon an oserye. Fèmen de grenn je e fè Bondye konfyans. Se premye pa saa ki konte.

Kesyon

1. Ki moun Rebeka te ye? Gadò mouton, pitit Betyèl

2. Ki moun li te jwenn bò pi a ? Kontab kay Abraram

3. Ki sa ki chanje dèstine'l ? Desiyon 'l pou'l swiv mesye a pou'l al marye.

4. Pouki sa nou di ke li reflechi sou desizyon an ? Li te vinn dakò kan paran yo te dakò.

5. Chwazi pi bon repons la.
   a. Yon jenn fiy dwe reponn premye gason ki deklare'l
   b. Yon jenn fiy dwe plase ak mesye a avan li pran desizyon pou'l marye.
   c. Yon jenn fiy dwe swiv konsèy paran an avan li angaje'l ak yon moun.
   d. Yon jenn fiy dwe chèche konnen volonté Bondye avan li angaje'l nan yon maryaj.

Leson 3
Pa Jozye a

Vèsè pou prepare leson an : Joz.9 : 1-27 ; 10 :4-14 ;
Wom. 12 :21 ;
Vèsè pou li nan klas la : Joz.9 : 16-20
Vèsè pou resite : Men, chèf yo reyini tout moun, yo
di yo: -Depi nou fè sèman ba yo nan non Seyè a,
Bondye pèp Izrayèl la, nou pa gen dwa manyen yo.
Joz.9 : 19b
**Fason pou fè leson an : Diskou, konparezon,
kesyon**
Bi leson an : Montre koman Letènèl onore moun ki
gen pawòl donè.

Pou komanse
Nan Ansyen Testaman, yo te respekte anpil moun ou
resevwa kay ou. Gabawon te fè koken pou'l vinn afilye
a Izrayèl. Lè Jozye konn sa, eske se pa yon bon okazyon
pou'l ta livre yo a lènmi yo ? Ki sa Jozye te pito fè ?

I.   **Li pito respekte dwa vizitè a.**
     Se vre ke moun Gabawon yo fè koken pou antre
     nan mitan yo. Jos. 9 :15-16
     1. Se tout bon vre Izrayèl asèpte yo. Joz.9 : 15
     2. Se tout bon vre asosyasyon wa nan zonn nan
         vle eksterminen Gabawonit yo ki trayi yo.
         Joz. 10:4
     3. Se vre ke Jozye konn sa. Joz.9 : 16-19
         Olye li livre yo bay lènmi yo, men sa'l fè :
         a. Li bay yo ti jòb pou yo fè nan mitan yo.
             Joz.9 :19-21
         b. Li defann yo lè senk wa amoreyen yo te
             vinn pou atake yo. Joz. 10 : 6-8

II. Li mande sekou nan men Letènèl pou defann yo. Joz. 10 : 8-9

1. Letènèl kraze lènmi yo ak gwo blòk lagrèl.
2. Joz. 10 : 10-11
3. Jozye mande Letènèl pou l kanpe ni solèy la, ni lalin nan pou lènmi yo pa gen tan sove e pou'l gen tan fini ak batay la. Joz. 10 : 12-13
4. Jozye fè Gabawonit byen anguiz mal. Wom.12 :21
5. Bondye pwoteje'l e li bay li yon viktwa moun pa janmen tande. Joz. 10 14

Pou fini

Premye pa ki koute se padon. Si w asèpte padonen patnè'w ki fè'w tò, ou bay Bondye okazyon pou fè mirak ekstraodinè nan vi'w. Eske w'ap asèpte fè sa?

Kesyon

1. Ki jan pwensip la te yo nan tan lontan lè ou resevwa yon moun kay ou ? Ou pa gen dwa livre'l bay lènmi yo kelkeswa rezon an.

2. Ki sa ki te anpeche Jozye livre Gabawonit yo ? Li te rèspekte pawòl donè'l.

3. Ki jan Letènèl te onore karaktè Jozye ?
   a. Li te bay li viktwa sou lènmi Gabawonit yo
   b. Li kanpe solèy la ak lalin nan pou klere batay la jouk li fini
4. Ki moun ki te kont Jozye ak Gabwonit yo ? Yon koalisyon senk wa amoreyen yo

5. Ki sa nou dwe sonje nan desizuyon Josye a ?
   a. Bondye kanpe kote moun ki respekte pawòl donè yo.
   b. Nou dwe fè byen a moun ki te fè nou mal.
   c. Bondye ap pwoteje nou de tout mal e l'ap bay nou viktwa

Leson 4
Pa Rit la

Vèsè pou prepare leson an : Rit 1 : 1-22 ; 2 : 1-16 ;
4 : 13-22 ; Mat.1 : 5-6
Vèsè pou li nan klas la : Rit.1 : 11-18
Vèsè pou resite : Men, Rit reponn: -Pa fòse m' kite
ou! Tanpri, kite m' ale avè ou. Kote ou prale, mwen
prale avè ou. Kote ou rete, m'a rete avè ou. Se moun
pa ou yo ki va moun pa m'. Bondye w'ap sèvi a, se li
m'a sèvi tou. **Rit. 1 : 16b**
Fason pou fè leson an : Diskou, konparezon, kesyon
Bi leson an : Montre ki jan Bondye beni yon bèlfiy ki
demontre ke li renmen bèlmè'l.

Pou komanse
Se pèsonalite'w ki montre valè'w. Byen ou posède ak
tout edikasyon vini apre. Rit, yon fanm moabit pral
prouve nou sa.

I.   Ki moun li te ye ?
1. Li te yon fanm payen nan peyi Moab ki t'ap
   adore yon zidòl yo rele Kemosh. 1Wa.11:7
2. Li te marye a Maklon, pitit gason Nawomi, ki
   te soti Betleyem. Sa pa pran tan pou'l te vèv.

II. Ki kote pwoblèm yo soti ?
Bèlmè li tap kouri pou grangou ki te frape
Betleyem. Bèlmè sa pèdi mari'l Elimelèk ak de
gason'l Maklon ak Kiljon, len apre lòt , la nan peyi
Moab. Rit.1 :5
Lè Nawomi aprann ke bagay yo pi bon kounyeya
nan peyi'l, li mare pakèt e li di bèlfiy 'l yo orevwa.
Rit.1 : 8-9

Orpa ki te madanm Kiljon pran kriye, li bobo Nawomi e li al fè wout li. Rit 1 : 14

III. E ki sa Rit te fè ?

1. **Li di Nawomi pawòl sa yo ki touche kè nenpòt moun :**

   a. Pa fòse m' kite ou! Tanpri, kite m'ale avè'w. Kote ou prale, mwen prale avè 'w. Kote ou rete, m'a rete avè 'w. Se moun pa ou yo ki va moun pa m'. Bondye w'ap sèvi a, se li m'a sèvi tou.

   b. Kote w'a mouri a, se la m'a mouri tou. Epi se la y'a antere m' tou. Mwen mande Seyè a pou l' ban mwen pi gwo madichon ki ka genyen, si se pa lanmò ki pou separe nou. Rit .1:17

   c. Lè Nawomi wè Rit te soti vre pou ale avè l', li pa di l' anyen ankò.! Rit.1 :18

IV. Ki te rezilta desizyon saa?

1. Rit te vin marye ak Boaz, yon paran Nawomi ki te rich anpil. Rit.2 : 1 ; 4 :13

2. Se li ki te vin maman Obèd, gran papa David. Chèche e ou va jwen non li nan lis ras a zansèt Jezi-Kri. Rit.4 :17 ; Mat. 1 :5-6

Pou fini

Ou wè kote konvèsyon Rit mennen'l ? Tanpri, pa reziste a premye pa sa pou'w jwen Jezi.

Kesyon

1. Di ki sa ki vinn anpremye ____ Lajan'w__
   Edikasyon'w__ Pèsonalite'w

2. Ki moun Rit te ye ? Yon payen, vèv de Maklon, ki
   te pitit Nawomi, yon fanm Betleyem.

3. Ki sa nou admire nan Rit ? Atachman li a bèlmè'l.

4. Eksplike :
   Li asèpte renonse a Kemosh, ki te dye li, li renonse
   a peyi'l a patri 'l pou'l swiv Nawomi san poze
   kondisyon

5. Ki sa desizyon sa te rapòte'l ?
   a. Li te vin marye a Boaz zansèt David.
   b. Non li nan lis ras a zansèt Jezikri.

Leson 5
Pa pwofèt Elize a

Vèsè pou prepare leson an : 2Wa.2 : 1-14
Vèsè pou li nan klas la : 2Wa. 2 : 1-8
Vèsè pou resite : Mwen ta renmen resevwa yon pòsyon doub nan lespri ki sou ou a! **2.Wa.2 :9b**
Fason pou fè leson an : Diskou, konparezon, kesyon
Bi leson an : Montre ki jan pèseverans bay siksè.

Pou komanse
Elize te yon zobouke chen.. ki sa sa te kapab rapote'l Men mèt li, pwofèt Eli pral pati. Ki enterè li te genyen nan vwayaj saa?

I. **Li kenbe Eli pye pou pye jouk li rive kote Bondye pal vinn chèche'l la.** 2Wa. 2 : 1
   1. An nou mache ansanm ak yo
      Yo soti Gilgal, yo rive Betèl. Yo soti Betèl, yo rive Jeriko, yo kite Jeriko yo rive devan flèv Jouden an. Tout sa Eli fè pou Elize kite'l , li di li pap kite mèt li yon pa.. 2Wa.2 : 2-6
   2. Yon ti ensidan ki rive :
      Tout jenn etidyan seminè a te bat pou yo kraponnen 'l. Li di yo « Pito nou fèmen bouch nou » 2Wa. 2 : 3,5,7
II. **An nou wè kote desizyon'l mete'l**
   1. Li wè ak de grenn zye'l ki jan pwofèt Eli fann flèv Jouden an ak manto'l e yo toulede travèse'l san pye yo pat mouye. 2Wa.2 :8
   2. Ak de grenn zye'l li wè ki jan yon cha pran pwofèt la, li monte ak li. 2Wa.2 : 12
   3. Li vinn eritye manto pwofèt la ki yon senbòl de prestij e de mistè tou. 2Wa.2 : 13

4. Li menm tou, li fann Jouden an ak manto pwofèt la pou'l retounen Jeriko. 2Wa. 2 : 14

5. Li resevwa de fwa Lespri ki te sou pwofèt Eli a. 2Wa.2 : 9

6. Li trouve ti Etidyan seminè yo menm kote li te kite yo san okenn desizyon nan la vi yo.

   Lè yo rekonèt tout bon vre ke Bondye transfere puisans ki te sou pwofè Eli a sou Elize, yo vinn mete ajenou devan'l pou onore otorite'l. 2Wa.2 :14, 2Wa 2 :15

Pou fini

Kisa ki anpeche w atenn bi w nan la vi ? Wè gran. Mete tout kè'w nan pwojè ou genyen. Pa gen anyen ki kapab anpeche'w rive. Ou ka fè pa Elize a tou. An avan ! Degaje'w !

Kesyon

1. Pouki sa nou di Elize se yon zo bouke chen. ? Li te gen pèseverans pou rete ak pwofèt Eli jiskobou

2. Pouki sa ti etidyan yo pat kapab kraponen'l
   Li gen konviksyon. Li konn sa'l vle.

3. Ki sa li te rive jwen ?
   a. Li travèse Jouden san pye'l pat mouye.
   b. Li vinn eritye pwofèt Eli e li te resevwa doub posyon Sentespri a.
   c. Se li ki te vinn ranplase pwofèt la kòm dwayen seminè a

4. Ki sa Elize aprann nou?

5. Pou nou rete atache a vizyon nou genyen san gade dèyè.

Leson 6
Pa ekstraodinè David la

Vèsè pou prepare leson an : Nob. 14 : 9 ; 1Sam.17 : 1-58 ; Sòm. 91 :1

Vèsè pou li nan klas la : 1Sam.17 : 33-40

Vèsè pou resite : Menm jan mwen touye lyon ak lous, se konsa m'a touye sòlda Filisti sa a ki pa moun k'ap sèvi Seyè a. M'ap touye l' paske li mete lame Bondye vivan an an defi vin goumen avè l'. **1Sam. 17 :36**

Fason pou fè leson an : Diskou, konparezon, kesyon

Bi leson an : Montre ke devouman ka fè nan yon jou sa ke pale anpil pa kap fè nan santan (100)

Pou komanse
Eske nou konnen ke devouman ka fè nan yon jou sa ke pale anpil pa kap fè nan santan ? An nou wè David kote Bondye pral kare misye ak desten 'l

I. **Men Goliat kap bay lame Izayèl defi**

    1. Pandan karant jou l'ap bay lame Izrayèl, ni waa ni chèf yo defi. Pa gen pèson ki ka pwoche'l 1Sam.17 : 10,16, 21-24

    2. Lè wa Sayil wè sa, li ofri yon bann rekonpans pou moun nan ki vle kase batay ak geyan an. 1Sam.17 :25

        a. Li ap fè'l rich.

        b. Li ap marye'l a yonn nan pitit fiy li yo.

        c. Fanmiy moun sa pap peye taks ankò.

II. **Ki jan David pral leve defi saa ?**

    1. Tout dabò li refize mete rad wa Sayil, ni sèvi ak zam wa a. 1Sam.17 :38-39

     a. Bondye te deja mete onksyon sou Rad gadò mouton an ki te sou li, pou'l gen viktwa sou filisten. 1Sam.17 : 39-40

2. Li jwen fòs ase nan amou'l pou peyi'l e li pral defann kòz Bondye vivan an. 1Sam.17 : 33-36
3. Li sèlman pran senk ti wòch nan dlo a pou'l goumen ak jeyan an.
     a. Paske moun nan ki bay defi a pa konvèti, li pa gen ni so Bondye sou li, ni lonbraj Bondye pou kouvri'l.
        Nob.14:9 ; Sòm.91 :1
     b. Paske tout moun trouve Goliat two gwo pou li. Okontrè, li wè'l si gwo ke'l pap ka rate'l.
     c. David pa pran nan okenn kraponaj paske li pral fè yon pa ekstraodinè nan vi'l
        1Sam. 16 :11 ; 17 : 28, 33, 42

III. Ki jan sa te soti?
1. Li vide jeyan a tè. Li koupe tèt li ak pwòp epe'l.
2. Li pran epe saa pou li pou'l pote'l nan tanp la.
3. Kounyeya, fotèy boure an Izrayèl la ap tann li. 1Sam.17 :48-51

Pou fini
Swiv Etwal ou. Desizyon se nan ou li ye. Destine'w devan 'w. Pa gade ni a dwat ni a gòch. Ak Bondye, e ak Bondye sèl, kouri sou avni ' w !

Kesyon

1. Reponn kesyon saa :
   Goliat bay Izrayèl defi pandan __ 4 jou__ 4
   senmen __ 40 jou

2. Chwazi bon repons yo
   A moun nan ki dakò pou goumen ak Goliat la
   Sayil pwomèt
   a. Yon vwati Bentley
   b. Pou fanmiy l pa peye taks
   c. Mariaj ak pitit fiy li
   d. Anpil richès
   e. Yon pòs anbasadè nan peyi Irak

3. Ki jan David leve defi Goliat la?
   a. Li refize pote ni rad ni zam waa.
   b. Il pran senk ti wòch nan larivyè a kòm zam li.
   c. Li pran fòs nan amou'l pou peyi'l e nan
      devouman'l pou defan kòz Bondye vivan an.

4. Ki jan sa te pase ?
   a. Li jete Goliat atè e li koupe tèt li.
   b. Li pran epe'l.
   c. Kounyeya Bondye kalifye pou'l vinn wa nan
      peyi Izrayèl.

5. Ki konsèy nou ta dwe bay jenn yo ?
   a. Se pou yo gen desizyon.
   b. Pou yo pa gade a gòch a dwat
   c. Pou yo konnen destinen yo devan yo
   d. Pou yo mache sou avni yo.

Leson 7
Gwo pa wa Jozafa

Vèsè pou prepare leson an : 2Kwo..20 : 1-25
Vèsè pou li nan klas la : 2Kwo.20 :20-22
Vèsè pou resite : Ou se Bondye nou. Se ou menm ki pou pini yo paske nou pa gen fòs pou n' kanpe devan tout gwo lame sa a k'ap vin atake nou an. Nou pa konn sa pou nou fè! N'ap tann sa ou pral fè pou nou..**2Kwo.20 : 12b**
Fason pou fè leson an : Diskou, konparezon, kesyon
Bi leson an : Montre ke si'w mete nan Bondye yon konfyans total, li va bay ou yon viktwa total.

Pou komanse
Gade zanmi, kan yon pwoblèm depase'w pran'l tanpri pou yon eprèv Bondye voye bay ou. Se pa ou menm ki premye pase ladan. Nou va bay ou pou egzanp twa advèsè ki te tou deside pou fè tribi Jida tounen pousyè.

I.   **Ki moun yo te ye?**
      Sete yon asosyasyon de Edomit yo, Moabit yo ak Amonit yo. Yo déjà ranje yo pou yo kase batay kont Jozafa, wa Jidaa. 2Kwo.20 :1

II.   **Ki jan wa Jozafa te ranje plan batay li ?**
      1.   Dabò li al plede kòz la devan Letènèl.
            2Kwo.20 : 5-12
      2.   Li pran tout fanmiy yo, papa, manman, pitit, li sanble yo devan Letènèl pou Letènèl pran reskonsablite'l. 2Kwo.20 : 13
      3.   Te gen yon levit yo te rele Jakazyèl ki te bay li sipò nan moman kriz saa. 2Kwo.20 :14-17

a. Olye li rann li a lènmi yo, li mache sou yo pito apre vennkatrè. 2Kwor.20 :17

c. Li fè yon seleksyon de manm koral ki abiye ak inifòm koral yo, li mete yo devan e li mete lame a dèyè. 2Kwo.20 : 20

d. Wa Jozafa bay premye plas a Bondye e a pwofèt li yo. 2Kwo.20 :20
Lame a a vinn dèyè, paske se Letènèl ki pral goumen. 2Kwo.20 : 15, 21

III. Ki sa ki rive :

1. Apèn yo chante premye kouplè kantik la, Letènèl desann li mete konfizyon pami lènmi yo. Yonn pran touye lòt. 2Kwo.20 :22-23

2. Pèp la pran twa jou pou ranmase sa lènmi an te kouri kite. 2Kwo.20 :25

3. Desizyon Jozafaa mennen yon viktwa total. An nou fè yon ti rezime :

   a. Jozafa te blije plede kòz la devan Letènèl

   b. Li te blije rankontre lènmi yo bab pou bab

   c. Li te chwazi manm koral yo pami moun ki konsakre tout bon a Letènel.

   d. Li te blije mete lame a dèyè koral la.

   e. Sete yon pa de jeyan. Se li ki koute e se li tou ki konte.

Pou fini

Ki jan w'ap mennen batay la kont advèsè yo ?

Kesyon

1. Ki sa w dwe fè kan yon sityasyon depase'w ?
   Ou dwe pran'l tankou yon egzamen Bondye ap pase'w.

2. Ki nasyon ki te fòme yon asosyasyon kont wa Jozafa, wa Jida a?   Edomit yo, Moabit yo ak Maonit yo.

3. Koman Jozafa te reyaji ?
   a. Li al plede kòz la devan Letènèl.
   b. Li pran tout fanmy yo, li rasanble yo devan Letènèl.
   c. Levit la yo rele Jakazyèl la te sipòte'l.

4. Ki jan li te mennen batay la ?
   a. Li chwazi manb koral pou mete devan
   b. Li mete lame a dèyè yo.
   c. Li fè moral fòmasyon an.

5. Ki jan sa to soti ?
   a. Depi koral la te komanse chante premye kouplè kantik la,   lènmi yo tonbe nan konfizyon
   b. Sòlda yo pran twa jou pou ranmase tout byen lènmi yo kouri kite.

6. An nou fè yon repòtaj viktwa Jozafa a
   Li fè yon pa de jeyan
   a. Kant li mete tout fanmiy yo devan Letènèl,
   b. Kan li mete koral la nan plas lame a, paske se Letènèl ki pral goumen
   c. Kan li bay premye plas à Letènèl sou fòs lòm

Leson 8
Gwo pa Ezayi a ki fè tout moun sezi

Vèsè pou prepare leson an : Eza. 1 : 1-3 ; 3 : 16-25 ;
4 : 1 ; 6 : 1-8 ; 9 :5-6 ; 53 :1-12 ; 55 :1-3 ; 60 : 1-2 ; 61 :1-
3 ; 65 :18-25
Vèsè pou li nan klas la : Eza.6 :1-8
Vèsè pou resite : Apre sa, mwen tande Seyè a ki t'ap
di: -Kilès mwen ta voye la a? Kilès ki ta asepte ale pou
nou? Mwen di: -Men mwen. Voye m'! **.Eza.6 :8**
Fason pou fè leson an : Diskou, konparezon, kesyon
Bi leson an: Montre ki jan yon eksperyans pèsonèl ak
Bondye ka chanje vi nenpòt moun.

Pou komanse
Ki moun ki ta kwè ke Ezayi, yon nonm ki si radi ta
jodia yon gran pwofèt pou Bondye? Epoutan, gen yon
jou yon desizyon chanje tout vi'l

I. **Ki jan de moun li te ye ?**
    Yo di ke li menm se te yon paran Ozyas, wa Jida.
    Wa sa te pisan anpil. Nap mande si se pat sa ki fè
    Ezayi te preche ak anpil awogans.
    1. Puiske Izrayèl te rebèl a Bondye, Ezayi deklare
        ke Izrayèl te gen tèt li pi di pase yon mal
        bourik. Eza. 1 :3.
    2. Pou ti medam yo menm, li mete yo atè nèt.
        Eza 3 :16 à 4 : 1

II. **Ki jan Ezayi vinn korije ?**
    1. Depi menm jou lanmò wa Ozyas, awogans li
        an tonbe. Eza 6 :1
    2. Nan yon vizyon, li wè Letènèl chita sou twon
        li, l'ap asiste yon konsè serafen yo. Wòb Senyè

soti depi nan syèl jouk li rive nan tanp la.
Eza.6 : 2-3

    a. Ezayi sezi, li pran tranble. Eza. 6 : 4-5

    b. Li kouri konfese peche'l. Li avwe jan lang
    li sal. Eza.6 :5

3. Alò, Letènèl dépêche yon serafen pou desann
nan tanp la, pou'l pran yon bwa dife sou lotèl
la pou'l netwaye lang Ezayi. Lè operayon an
fini, li di'l peche'w yo padonen. La menm ,
serafen an al fè wout li Eza.6 : 6-7

4. Kan Letènèl te vle voye yon moun al fè
misyon pou li, premye moun ki di Senyè
voye'm se te Ezayi Eza.6 : 8

III. Ki sa ki rive apre desizyon saa ?

1. Ezayi preche yon lòt fason.

2. Li vinn yon pwofèt kap anonse Jezikri :

    a. Nesans ak soufrans Jezi-kri.
    Eza. 9 : 5-6 ; 53 :1-12 ;

    b. Evanjelizayon pou touche tout moun, jwif
    ak payen. Eza. 55 : 1-3 ; 61 : 1-3

    c. Izrayèl kap retounen kay li. Eza. 60 : 1-2

    d. Sa ki pral pase avan Kris retounen
    Eza. 65 :18-25

Pou fini

Si w te wete zye sou pitit ou, al li Ezayi.

Kesyon

1. Ki moun Ezayi te ye avan li te konsakre nan ministè Letènèl ? Yon pwofè awogan.

2. Kote sa te soti ? Wa Ozias paran'l te pisan anpil.

3. Bay nou yon egzanp.
    a. Li di Izrayèl gen tèt li di pase yon mal bourik
    b. Li degrade ti medam yo nan mesaj li

4. Ki jan li te vin konsakre a Bondye ?
    a. Depi wa Ozias te mouri.
    b. Depi li wè Bondye nan yon vizyon
    c. Li konfese peche'l
    d. Letènèl voye yon serafen pou netwaye lang li
        Ak yon fè cho

5. Ki moun ki premye reponn pou ale nan misyon pou Letènèl ? Ezayi.

6. Montre ke misye te chanje.
    a. Langaj li chanje.
    b. Li vinn yon pwofèt kap anonse Jezikri.
    c. Li anonse vini'l ak soufrans li
    d. Li pwoklame evangelizasyon pou tout moun .
    e. Li anonse Izrayèl ki gen pou tounen kay yo
    f. Li anonse bagay ki pou rive nan fen tan an.

Leson 9
Pa deside de twa jenn gason jwif

Vèsè pou prepare leson an : Da. 1 : 1-21 ; 2 : 1-49 ;
3 :13-15 ; 19-28
Vèsè pou li nan klas la : Da. 3 :12-18
Vèsè pou resite : Si Bondye n'ap sèvi a ka wete nou
nan gwo fou tou limen an, si li ka delivre nou tou anba
men ou, l'ap fè l'. **Da. 3 :17**
Fason pou fè leson an : Diskou, konparezon, kesyon
Bi leson an : Montre ke la fwa an aksyon mete syèl la
anbranl.

Pou komanse
Twa jenn gason jwif Chadrak, Mechak ak Abednego,
bay yon defi a wa Nebikadneza ki fè jouk kounyeya,
moun ap pale de yo. Krent yo te gen pou Bondye,
amou pou peyi yo pote yo fè anpil pa ki fè yo chanpyon
nan la fwa.

I.   **Ki premye pa yo te fè ?**
 1.   Yo te refize sal nanm yo nan manje lwa wa a :
  a.   Manje sa te fèt ak vyann ki te dwe prezante
     devan zidòl Bèl ak Dagon avan moun te
     gen dwa manje yo. Da. 1 :8
  b.   Ak anpil sajès, yo soupriye chèf kizin nan
     pou bay yo manje legim pito. Da. 1 : 12
  c.   Lè yo vinn byen gade, yo te pi anfòm ke
     moun yo ki te manje vyann yo e Bondye
     te bay yo pi plis entelijans ke lòt pansyonè
     yo. Da. 1 : 12-17

II. **Ki dezyèm pa yo te fè ?**
Yo te mete tèt yo ansanm lè yo nan eprèv. .
Waa te deside pou'l touye tout majisyen ki gen nan peyi a si yo pa kapab di'l yon rèv li te fè e pou bay li eksplikasyon mete sou li. La menm twa frè sa yo al jwen Danyèl , yo jete yo nan la priyè. Bondye reponn yo. Da.2 : 16-19

III. **Ki twazyèm pa yo te fè ?**
Yo te mete tèt yo ansam pou kenbe menm pawòl la devan lanmò
Wa Nebikadneza kanpe yon idòl nan vale Dira, kote tout moun ka wè'l e mande tout moun pou adore'l. Tout moun te fè'l anwetan yo twa a. Yo te prefere fè waa fè kolè tan pou yo te fè Bondye fache. Da. 3 : 15-18

Pou fini
Atlèt sa yo te komanse ak pwa ki lejè, yo kontinye ak pwa ki lou e pita, yo rive leve pwa ki pi lou. Yo vreman admirab. E ou menm, nan ki pa ou fè nan fwa'w ? Se premye pa ki pi difisil , men se li ki konte. Ki lè w'ap deside'w ?.

Kesyon

1. Bay nou non twa ti jwif yo
   Chadrak, Mechak, AbedNego.

2. Ki premye pa yo te fè nan fwa yo ?
   Yo te pito manje legim tan pou yo te manje manje lwa wa a.

3. Ki dezyèm pa yo te fè ?
   Yo te jene e priye pou Bondye te bay yo revelasyon an ijans sou rèv wa a te bliye.

4. Ki twazyèm pa yo te fè ?
   Yo te prefere riske vi yo nan yon founo dife tan pou yo te mete ajenou devan estati annò waa.

5. Konbyen fwa Bondye onore fwa nou ? Toutan.

6. Se vre ou se fo
   a. Twa ti jwif yo te manje manje waa an kachèt.
      __ V __ F
   b. Yo te gen zanmi nan gouvèman an pou pwoteje yo. ___ V __ F
   c. Yo te pito mouri tan pou yo te trayi Letènèl, Bondye yo. __ V __ F
   d. Yo te grandi nan fwa yo __ V __F

Leson 10
Pa ekstraodinè Danyèl

Vèsè pou prepare leson an : Sòm. 91 :8 ; Da. 2 : 48-49 ; 5 :1-12 ; 6 :1-24
Vèsè pou li nan klas la : Da. 6 : 10, 16-24
Vèsè pou resite : Bondye mwen an voye zanj li, li fèmen bouch lyon yo pou yo pa fè m' anyen. Li fè sa paske li konnen mwen inonsan. Epi ou menm tou, monwa, ou konnen m' pa fè ou anyen ki mal, pa vre?.
Da 6 :22
Fason pou fè leson an : Diskou, konparezon, kesyon
Bi leson an : Montre ke kan Bondye avè'w konplo pa mache.

Pou komanse
Depi yon moun jwen yon gwo jòb gouvènman nan Diapora, se pa de moun ki jalou sò'w e ki vle fè konplo pou touye'w. Se nan ka saa Danyèl te twouve'l nan wayòm wa Dariyis.

I.   **Ki moun Danyèl te ye?**
1.   Li te yon jwif ki te fè pati dezyèm depotasyon jwif yo nan Babilon anba ren'y wa Nebikadneza Li te yon gwo anplwaye `yo pat kapab manke pandan ren'y twa wa nan Babilon.:
  a.   Sou wa Nebikadneza, tout moun te respekte'l e admire'l pou konesans li. Wa te nonmen'l chef majisyen yo nan Babilon. Da. 2 : 48-49
  b.   Lè wa saa mouri, pitit a pitit li Belchatza te ranplase'l. Danyèl toujou nan menm jòb la. Kan wa saa te pèmèt li pran vaz annò

Letènèl, pou 'l te sèvi ak yo, sa te lakòz wa sa pèdi pozisyon kòm wa.

Kèk grenn dwat moun pran ekri sou miray palè a pou denonse frivolite wa saa. Da. 5 :1-5

Se lè sa madanm wa saa konseye'l pou fè rele Danyèl, paske se li menm sèl ki kap bay eksplikasyon sou sa dwat yo t'ap ekri a. Da. 5 : 10-12

c. Sou wa Dariyis, menm Danyèl sa te jwe wòl minis finans waa. Kèk anplwaye ki te jalou sò'l te monte yon konplo pou ke tout moun priye onon de waa tankou Bondye pandan trant jou. Sansa, y'ap jete belijeran yo nan yon trou pou lyon devore yo. Da. 6 : 10-12

Danyèl, ki te yon jeyan nan lafwa te gen viktwa sou yo tout. Li te sèlman bezwen mete'l ajenou devan Letènèl, twa fwa pa jou. Da. 6 : 10, 13-15, 24

II. Alafen

Danyèl vinn pi rich. Se gade'l gade ak de zye'l pou'l wè sa ki te rezève pou mechan yo. Sòm.91 :8

Pou fini

Eske'w pral asepte pase nan menm moul la ak Danyèl ? Sonje bien ke se premye pa a ki konte.

Kesyon

1. Danyèl te anplwaye nan ren'y twa wa. Bay nou non yo Nebikadneza, Belchatza, ak Dariyis.

2. Ki wòl li te genyen
    a. Sou ren'y Nebikadneza ? Li te chef tout majsyen yo
    b. Sou ren'y wa Dariyis ? Li te Minis Finans.

3. Pouki sa nou medaye'l pou eprèv li yo?
    a. Paske li te refize pi gwo salè ki ta genyen nan tan saa, tan pou 'l ta renye Bondye.
    b. Li te pito al jwenn ak Bondye nan lapriyè.

4. Koman eksplike viktwa'l ? Bondye delivre'l nan fòs lyon yo e se konplotè yo yo te jete ladan

Leson 11
Yon fo pa ki koute chè

Vèsè pou prepare leson an : Jon. 1 : 1-16
Vèsè pou li nan klas la : Jon.1 :2-12
Vèsè pou resite : Jonas reponn yo: -Pran m', lage m' nan lanmè. Lanmè a va kal nèt. Mwen konnen se mwen menm menm ki lakòz nou pran nan van tanpèt sa a. **Jon.1 : 12**
Fason pou fè leson an : Diskou, konparezon, kesyon
Bi leson an : Montre ke tout desizyon ou pa mete Bondye ladan , li fini ak deblozay.

Pou komanse
Ala bagay ki rèd se lè yon moun rejenbe lòd Letènèl ! Si w vle fè respè'w, tanpri, dekole'w sou Jonas.

I.   **Ki dezòd li te fè ?**
1.   Bondye voye'l preche moun Niniv pou yo repanti. Angiz de sa, li te pito al sere byen lwen nan Tarsis, pou Letènèl pa mande'l koze. Jon.1 : 2-3
2.   Li louvri bous li, li peye tikè vwayaj li, apre sa li gen odas pou 'l di tout moun li bay Letènèl yon kout ba. Jon. 1 : 3b,
3.   Li si satisfè de sa, li monte kabann li, li kouche byen trankil nan kal a batiman an. Jon. 1 :5

II. **Ki te reyaksyon Letènèl ?.**
1.   Letènèl voye yon gwo van souke batiman an ki menase la vi tout pasaje yo. Jon.1 : 4
     a.   Amatè batiman an ak tout ekip li a rele Dye pa yo. Anyen pa mache. Jon.1 :5

    b. Yo pran jete machandiz nan lanmè pou soulaje batiman an.Tout sa anyen pa mache. Jon.1 :5

    c. Yo leve Jonas nan dòmi e yo mande'l pou'l rele Dye pa'l la tou. Malgre tou, sa pat mache. Lanmè finn anraje. Jon.1 :6

    d. Dènye sa ki te rete a, yo fè tiraj osò pou konnen si se yon moun ki lakòz yo pral mouri a. Ki moun nou kwè yo kenbe ? … Jonas ! Kisa ? Yon pitit Bondye ki ta lakoz anpil payen ta pral mouri !

       A la yon gwo wont mezanmi ! Jon .1 : 7

2. Idantifikasyon Jonas te fè yo sezi. Li di yo ak bouch li :

    a. Mwen menm se yon jwif, mwen gen krentif pou Bondye, sila ki kreye syèl la ak latè ak lanmè a. Jon.1 :9

    b. Li di yo : Si nou vle tanpèt la sispann kounyeya, lage'm nan lanmè a. Jon.1 :12

    c. Fè sa kounyeya e pi na wè sa'm di nou an. Vreman, yo fè sa. La menm tanpèt la kalme. Jon.1 :15

3. Tout moun nan bato a te si tèlman sezi, lamenm yo tout tonbe adore Bondye pou premye fwa. Jon.1 : 14

Pou fini

Mezanmi, nou soti wè koman move temwayaj yon moun ki di l'ap sèvi Bondye ta lakòz tout moun mouri nan batiman an! A la yon gwo wont, mezanmi ! Zanmi', frè'm, sè'm tan pou'w ta imite Jonas, tanpri, fè repantans ou!

Kesyon

1. Si 'w gen krent pou Bondye, ki jan de kretyen ou pa ta dwe frekante? Jonas

2. Ki jan li te montre dezobeyisans li ?
    a. Li al sere Tarsis, pou Letènèl pa jwen li.
    b. Li peye tikè vwayaj li nan pòch li.
    c. Li fè tout moun konnen li soti bay Letènèl yon kout ba.
    d. Apre sa li rale dra li kouvri, li komanse wonfle.

3. Ki sa Letènèl fè nan ka saa?
    Li voye yon gwo tanpèt pou menase vi tout moun nan bato a.

4. Ki sa ki te fè maren yo pi sezi ? Se yon moun ki pretan di li sèvitè Bondye ki t'a pral lakòz anpil payen mouri mal.

5. Lòske Jonas te wont ak koze saa, ki sa'l te konseye maren yo ? Pou yo lage'l nan lanmè a

Leson 12
Pa ekstraodinè apòt Pyè

Vèsè pou prepare leson an : Mat. 19 : 27-30 ; 16 : 16-
23 ; 26 : 69-75 ; Lik. 22 : 31-38, 56-57 ; Jan.18 : 10-11 ;
Tra.4 : 5-10 ; 5 : 10-21, 41
Vèsè pou li nan klas la : Tra.5 : 17-29
Vèsè pou resite : Pyè ansanm ak lòt apòt yo reponn
li: Se pou n' obeyi Bondye pase pou n' obeyi moun.
Tra. 5 :29
Fason pou fè leson an : Diskou, konparezon, kesyon
Bi leson an : Montre ki jan Bondye ka fè gwo mirak
ak moun ki dakò pou'l konfese fòt li e ki fè sa'l kapab
pou'l antre ankò nan santiman Bondye.

Pou komanse
Nou soti di sa : Depi yon moun vle dedomaje 'w pou
mal li te fè'w, li kap fè tout sa'l konnen pou soulaje
konsyans li. Pyè, parèt non. Se de ou menm n'ap pale.

I. **Ki moun li te ye ?**
    Pyè te yon disip ki te toujou cho pou'l pale.
    1. Se li sèl ki te deklare ke Jezi, se li menm ki Kris
        la, pitit Bondye vivan an. Mat.16 :16
    2. Li sèl te pran chans al fè Jezi egzotasyon pou'l
        pa monte sou kwa a. Mat.16 :21-22
    3. Se li sèl tou ki te rale koulin li pou defann mèt
        li. Jan.18 :10-11

II. **Ki fo pa li te fè ?**
    1. Li te kwè nan Jezi tankou se moun saa ki pral
        delivre Izrayèl anba men Women yo. 1.
        a. Li te fin wè gwo jòb li pral genyen nan
            gouvèman Jezi a. Mat .19 :27

    b. Se yonn nan rezon ki fè'l toujou mache ak manchèt li sou li pou tout sa ki te kap rive. Lòt disip yo te fè menm jan tou. Lik.22 :36, 38

2. Li te kwè nan kapasite'l. Malerezman li te chite mal. Lik.22 :31-33 ; 56-57

3. Pandan twa fwa, li renye Jezi e se pa de betiz li pa di mete sou li. Mat.26 : 69-70, 72, 74-75

III. Ki jan li rachte tèt li ?

1. Li pat pè kanpe devan swasant onz manb nan tribinal jwif la pou'l temwaye pou Jezikri. Tra.5 :21

2. Li kanpe fèm pou Levanjil devan tout otorite relijye yo nan vil Jerizalèm. Tra. 4 :5, 8-10

3. Li te fè fèt lòske li te pran prizon ak baton poutèt non Jezi. Tra. 5 :18-19, 41

4. Listwa rapòte, lè yo pral touye'l, li mande pou yo krisifye'l tèt anba paske li santi'l pa diy pou sibi lanmò tèt anlè tankou Jezi, mèt li.

Pou fini

Pyè te soulaje konsyans li nan fason sa yo pou'l antre ankò nan santiman Jezi. E ou menm, ki sa ou deside bay pou dedomaje moun ou te ofanse ?

Kesyon

1. Ki moun Pyè te ye ? Yon disip Jezi. Yon moun ki toujou cho pou'l pale.

2. Demontre nou sa
   a. Se li sèl ki te deklare ke Jezi, se li menm ki Kris la, pitit Bondye vivan an.
   b. Li sèl te pran chans al fè Jezi egzotasyon pou'l pa monte sou kwa a.
   c. Se li sèl tou ki te rale koulin li pou defann mèt li.

3. Ki fo pa li te fè ?
   a. Li te pran Jezi pou yon Mesi politik.
   b. Li t'ap tann gwo jòb nan gouvèman Jezi.
   c. Li te kwè nan tèt li.
   d. Il renye Jezi twa fwa.

4. Ki jan li te vinn rachte tèt li ?
   a. Li pat pè temwaye pou Jezi devan gwo tribinal jwif la.
   b. Li te kontan lè yo te bat li e ke li te pran prizon poutèt levanjil Jezikri a.

4. Se vre ou se fo
   a. Yon kretyen dwe pou pote zam __ V __F
   b. Yon kretyen peche si'l pote zam. _ V __ F
   c. Yon kretyen ka pote zam san'l pa gen okenn entansyon pou touye moun. __ V __ F
   d. Yon kretyen ka touye yon moun pou defann vi'l si li andaje. __V__F

Lis vèsè yo

1. M'ap ba ou anpil pitit pitit. Y'a tounen yon gwo nasyon. m'a beni ou. Y'a nonmen non ou toupatou; w'a sèvi yon benediksyon pou tout moun.. Ge. 12 :2

2. Ou menm, Bondye, w'ap ba yo kè poze! Moun ki toujou kenbe pwomès yo, wi, w'ap ba yo kè poze, paske yo mete konfyans yo nan ou! Eza. 26 :3

3. en, chèf yo reyini tout moun, yo di yo: -Depi nou fè sèman ba yo nan non Seyè a, Bondye pèp Izrayèl la, nou pa gen dwa manyen yo. Joz.9 :19

4. Men, Rit reponn: -Pa fòse m' kite ou! Tanpri, kite m' ale avè ou. Kote ou prale, mwen prale avè ou. Kote ou rete, m'a rete avè ou. Se moun pa ou yo ki va moun pa m'. Bondye w'ap sèvi a, se li m'a sèvi tou.; Rit 1 :16

5. Di m' kisa ou ta vle m' fè pou ou anvan Bondye pran m'. Elize reponn li: --Mwen ta renmen resevwa yon pòsyon doub nan lespri ki sou ou a.! 2Wa.2 :9b

6. Menm jan mwen touye lyon ak lous, se konsa m'a touye sòlda Filisti sa a ki pa moun k'ap sèvi Seyè a. M'ap touye l' paske li mete lame Bondye vivan an an defi vin goumen avè l'. 1Sam. 17 : 36

7. Ou se Bondye nou. Se ou menm ki pou pini yo paske nou pa gen fòs pou n' kanpe devan tout gwo lame sa a k'ap vin atake nou an. Nou pa konn sa pou nou fè! N'ap tann sa ou pral fè pou nou.2Kwo.20 :12b

8. pre sa, mwen tande Seyè a ki t'ap di: -Kilès mwen ta voye la a? Kilès ki ta asepte ale pou nou? Mwen di: -Men mwen. Voye m'!. Eza. 6 :8

9. Si Bondye n'ap sèvi a ka wete nou nan gwo fou tou limen an, si li ka delivre nou tou anba men ou, l'ap fè'l. Da.3 :17

10. ondye mwen an voye zanj li, li fèmen bouch lyon yo pou yo pa fè m' anyen. Li fè sa paske li konnen mwen inonsan. Epi ou menm tou, monwa, ou konnen m' pa fè ou anyen ki mal, pa vre? Da. 6 :22

11. Jonas reponn yo: -Pran m', lage m' nan lanmè. Lanmè a va kal nèt. Mwen konnen se mwen menm menm ki lakòz nou pran nan van tanpèt sa a. Jon.1 : 12

12. Pyè ansanm ak lòt apòt yo reponn li: Se pou n' obeyi Bondye pase pou n' obeyi moun. Tra. 5 :29

Evalyasyon

1. Nan douz leson yo ou soti wè a, ki lès nan yo ki pi touche w ?
   a. Pou tèt pa w ?_____
   b. Pou fanmiy w? _____
   c. Pou 'legliz ou?_____
   d. Pou peyi w?_____

2. Ki desizyon w apre klas la?
   _____

3. Ki konsèy ou ta bay Lekòl dimanch la :
   _____

4. Kesyon pèsonèl :
   Ki jan de kontribisyon mwen te kap pote nan
   Legliz la?_____
   Ki jefò mwen fè pou m amelyore
   kondisyon l_____
   Si Jezi vini kounyeya, eske mwen pral fyè de
   travay mwen? _____

DIFE K AP BOULVÈSE A

Seri 3

LETÈNÈL SE GADO MWEN

(RÈS LA)

Avangou

Ou pa fè'w yon lide kant, pou rantre nan santiman paran'w ou pa di yo papa, manman, men ou di yo **pa**... **man**... Letènèl se Bondye. Tout moun konn sa. Bondye Etènèl. Tout moun konn sa. Men lè David di : Letènèl se gadò mwen ! Sila ki Etènèl la desann jis anba isit la parapòt mwen ! Konsa tout sa ki pi bèl, ki ka dire, ki gran, ki ekstraodinè, tout sa pou mwen !
Mwen pa ka pe. Mwen vle pale de sa devan tout moun, menm devan lènmi'm yo. Konsa si yo gen bezwen pou mwen, ya konnen nan ki adrès pou yo jwenn mwen. David pale. M'ap pale. Ou vle pale tou ? E byen, an nou pale.

Pastè Renaut Pierre-Louis

Leson 1
Rapò sila ki pa anyen an ak sila ki tout la

Vèsè pou prepare leson an : 1Sam. 22 : 20-23 ;
Sòm.23 :1-6
Vèsè pou li nan klas la : Sòm. 23 :1-6
Vèsè pou resite : Ou mèt rete avè m'. Ou pa bezwen
pè. Koulye a Sayil pral chache touye ni ou ni mwen. Bò
kote m', anyen p'ap rive ou. **1Sam.22 :23**
Fason pou fè leson an : Diskou, konparezon, kesyon
Bi leson an : Montre ki jan pwoteksyon Bondye kouvri
menm moun ki nan relasyon w.

Pou komanse
Lè David di ke Letènèl se gadò'l , li pa pale de yon rapò
alalejè, men de yon rapò de bon Zanmitay ak Bondye.

I. **Tou dabò, pa gen distans ankò ant li menm
ak Bondye**
1. Amou Bondye pou li defèt distans ant syèl la
ak tè a. Sèvis Sekirite'l soti anwo e li kouvri'l
toupatou. Pen kotidyen'l soti anwo. Li pran
kantite'l vle, kote'l bezwen an. Revelasyon'l
soti anwo. Bondye mete'l okouran de tout
bagay.
2. Vi li se yon lokipasyon pou Letènèl l.
Sòm.23 : 4
3. Puiske twati yon kay debòde kay la, puiske syèl
la pi laj pase tè a, David kwè ke li byen chita
anba lonbraj Bondye'l ki Tou-Pisan an, li chita
anba gras Bondye ki pi gran pase bezwen'l yo.
Sòm.91 :1

a. Avan menm ke'l te grangou Letènèl te déjà prevwa manje'l. Avan menm ke 'l te swaf Letènèl te déjà prevwa bon dlo pou'l bwè . Li konnen davans ki kote l'ap mennen'l Sòm.23 : 2

b. Abondans la te yon fason pou David pa janm fini manje tout letandi patiraj la, ni bwè tout loseyan gras la. Sòm.23 :3

3. Otorite'l soti anwo. Tout moun dwe respekte sa. Sòm.23 :3

4. Fòs li soti anwo. Ata Goliat pa kapab kanpe devan'l. Sòm.23 : 44

5. Sekirite'l si tèlman gran ke moun k'ap viv kote'l benefisye'l. Koute ki sa'l di Abiata:
« Ou mèt rete avè'm. Ou pa bezwen pè. Kounyeya Sayil ap chèche touye ni ou ni mwen. Bò kote'm anyen pap rive'w ».
1Sam. 22 :23

Pou fini

Mwen dakò ou konnen Sòm 23. Men, eske w konnen Bèje a ?

Kesyon

1. De kwa David ap pale kant li di : Letènèl se gadò mwen ?
   a. Lamou Letènèl pou li defèt distans nou kwè a ant syèl la ak tè a.
   b. Vi li se sèl lokipasyon Letènèl.
   c. Gras Bondye pou li pi plis pase sa'l bezwen.

2. Eksplike nou sa :
   a. Li prevwa dlo pou'l bwè avan'l swaf
   b. Li prevwa manje'l chak jou avan'l grangou.
   c. Li defann li lè lènmi an atake'l.

3. Tande koze David ak Abiata
   Ou mèt rete avè'm…Bò kote'm anyen p'ap rive'w

4. Ki diferan ki genyen ant Sòm 23 ak Gadò nan Sòm 23 ?
   a. Resite Sòm 23 se yon afè de memwa.
   b. Konnen Gadò Sòm 23 se yon afè de zanmitay ak Gadò a.

Leson 2
Letènèl, se tout rèsous mwen

Vèsè pou prepare leson an : Egz. 16 ; 14-16 ;
1Sam.17 : 5-7, 38-40 ; 23 : 13 ; 24 : 3-8 ; 26 : 8-15 ;
1Wa.19 :5-8
Vèsè pou li nan klas la : Fil. 4 : 12-19
Vèsè pou resite : Pa bay kò nou traka pou anyen.
Men, nan tout sikonstans mande Bondye tou sa nou
bezwen nan lapriyè. Toujou chonje di l' mèsi tou lè n'ap
lapriyè. **Fil.4 : 6**
Fason pou fè leson an : Diskou, konparezon, kesyon
Bi leson an : Montre ke Bondye-Providans la pa
manke mwayen pou nouri tout moun sou la tè.

Pou komanse
Kan apot Pòl di kretyen Filip yo « Pa bay kò w
pwoblèm pou anyen », li konnen byen ki sa'l t'ap di. Li
vle pale nou de sous kote mwen pral mennen 'w
kounyeya.

I.   Pou manje :
Bondye gen dwa bay ou sa ke la Tè a pa pwodui.
1. Laman nan te soti anwo pou nouri plizyè
milyon jwif nan Dezè a pandan karant an.
Egz.16 : 14-16
2. Yon anj vi'n pote dejnen bay pwofèt Eli.
Sandwich sa te soti nan kizin Bondye.
Vitamin ki te ladan bay Eli fòs pou'l mache
karant jou ak karant nwit. 1Wa. 19 : 5-8

II. Pou defans

1. David refize mete rad wa Sayil sou li.
   1Sam. 17 : 38-40

2. Ti wòch ki gen onksyon Letènèl la te sifi pou jete jeyan an ki te pwoteje kòl latèt o pye ak zam pou la gè. 1Sam.17 : 5-7

3. Ak yon gwoup de 600 moun ki pa antrenen pou batay, David kanpe kont lame de 3000 solda diktatè Sayil la , e li pa te janmen pè yo pandan anpil ane pèsekisyon.
   1Sam.23 :13 ; 24 :3

4. Ki jan pou'l ta fè nouri 600 bouch nan yon Dezè si se pat Letènèl ki te sous li e resous li? Otreman li ta déjà mouri. Sòm.94 :17
   Poutan, 2 fwa li te jwen potinite pou touye Sayil, men li pat gen kè pou'l fè sa. Pou li sa dwe rete sou kont Gadò li.
   1Sam.24 :3-8 ; 26 :8-15

5. Se paske syèl la se sous li ak resous li pou'l viv.

Pou fini

Menm Bondye sa, chita nan menm syèl la. Li la menm jan pou'l fè menm bagay yo. Wa chwazi jodia ki lès ou vle pou gadò 'w.

Kesyon

1. Ki jan Bondye okipe pitit li yo ?
    a. Li bay yo menm sa Tè a pa pwodui.
    b. Li bay yo lamann pandan 40 lane nan Dezè a
    c. Yon sandwich ki prepare nan kizin Bondye te bay pwofèt Eli fòs pou'l mache 40 jou ak 40 nwit.

2. Ki lè Letènèl kanpe pou David ?
    a. Lè li te gen kouraj pou refize rad wa Sayil
    b. Kan li te kwè nan Letènèl pou nouri 600 solda li yo nan Dezè a.

3. Ak konbyen sòlda li te afronte 3000 sòlda wa Sayil? 600

4. Pouki sa li pat pwofite 2 okazyon li te jwenn pou touye wa Sayil .
    Se paske li konnen ke sa se reskonsablite Gadò l, sa pa pou li.

Leson 3
Letènèl se jij konsyans mwen.

Vèsè pou prepare leson an : 2Sam.12 : 11-14 ;
15 :31 ; 16 : 5-7 ; Sòm.23 : 1-6 ; 38 : 1-23 ; 113 : 7 ;
Wom.8 : 33
Vèsè pou li nan klas la : Wom.8 : 31-34
Vèsè pou resite : Ki moun ki va akize moun Bondye
chwazi yo? Pesonn. Paske se Bondye menm ki fè yo
gras! **Wom.8 :33**
Fason pou fè leson an : Diskou, konparezon, kesyon
Bi leson an : Montre ke peche nou pa detri mizerikòd
Bondye.

Pou komanse
Si reparasyon machin mwen se pwoblèm pou
mekanisyen an, si maladi'm se pwoblèm pou doktè
mwen, peche'm se pwoblèm pou Papa Bondye. Se li sèl
ki gen dwa desann nan lavi'm pou'l repare dega yo.

I. **Ki sa ki te fè David dezole ?**
    1. Li fè depresyon paske li te peche kont Letènèl.
        Sòm.38 : 3-7
    2. Lènmi'l yo pwofite pou vekse'l.
    3. Te gen yon jou, nonm nan yo rele Chimeyi a,
        ki te yon paran wa Sayil, li t'al vote pou
        Absalon. Jou li jwenn ak David, li joure 'l byen
        joure devan tout moun. 2Sam. 16 :5-7
    4. Ni zanmi'l yo , ni menm konseye prive'l te
        trayi'l 2Sam.15 :31 ; Sòm.38 : 11

II. Pouki sa li te fè kò'l piti apre li te fin péché ?

1. Se paske si'l te asepte manje nan patiraj Letènèl e bwè bon dlo nan men Letènèl, li dwe dakò tou pou pran pinisyon anba baton Letènèl.

Sòm.23 : 2,4   Si'l pa dakò :

a. Li pap gen dwa chita manje a tab ak Letènèl.

b. Gwo depo gras ak bonè Letènèl pap janm akonpaye'l pou rès vi 'l. Sòm.23 :6

c. Se pou rezon sa, lè pwofèt Natan vinn bay li sanksyon an, li fè kò'l piti pou asepte'l. 2Sam. 12 : 11-14

III. Ki jan Bondye montre ke'l fè'l gras ?

1. Bondye fè'l favè ki pa menm sanble'l dapre ti etid li ak entelijans li.

a. Li pran'l nan jòb gadò mouton ak bèt nan raje pou mete'l wa sou tout Izrayèl.

b. Li pran'l nan fatra pou'l mete chita ak gran yo. Sòm.113 : 7

2. Gras la avèg. Li pa wè ni peche, ni defo, ni limitasyon David, paske se Bondye ki pran defans li. Wom.8 : 33

3. David pat janm yon viktim. Lanmò dwe pou'l rete tann li.

Pou fini

Kan Bondye blanmen'w. tanpri asepte sa. Bay li glwa pito pou padon'l ak mizerikòd li bay ou

Kesyon

1. Ki sa ki te kòz David te fè depresyon?
   a. Peche'l kont Letènèl.
   b. Lènmi yo ki pwofite joure'l.
   c. Zanmi'l yo bandonen, ata konseye prive'l bandonen'l e trayi'l .

2. Pouki li te fè kòl piti apre li te finn peche?
   a. Si'l bwè e manje nan men Letènèl , li dwe asepte pran sanksyon' nan men'l tou.
   b. Sinon, Letènèl pap chita sou yon tab ansam ak li.
   c. Gras ak bonè pap akonpanye'l pou rès vi li.

3. Ki jan gras la prezante ?
   a. Nan favè Bondye fè'l ke li pa merite.
   b. Li pran'l gadò mouton, jodia li bèje e li wa pèp Izrayèl.

4. Eksplike pouki nou di gras la avèg ?
   a. Gras la pa wè ni defo, ni peche, ni limitasyon David paske se Bondye ki jig, e ki avoka.
   b. David pat janmen viktim. Lanmò dwe tann li.

5. Ki jan nou ta dwe konpòte kan nou ofanse Bondye ?
   a. Nou dwe asepte pinisyon yo.
   b. Nou dwe bay Bondye glwa pou padon ak mizerikòd li.

Leson 4
Letènèl se dòktè mwen

Vèsè pou prepare leson an : Sòm. 6 :3 ; 38 :8 ; 41 :1-11 ; 116 :17-19
Vèsè pou li nan klas la : Sòm. 41 : 1-11
Vèsè pou resite : Se yon sòm David. (41:2) Ala bon sa bon pou moun ki pran ka pòv yo! Seyè a va delivre l' lè la nan tray. **Sòm. 41 : 1**
Fason pou fè leson an : Diskou, konparezon, kesyon
Bi leson an : Montre ke David te kwè nan gerizon divin.

Pou komanse
Lè ou wè David de lwen, ou pran'l pou yon moun ekstraodinè nan la gè e nan redaksyon 73 Sòm li yo.
Bliye sa! David te konn soufri tankou tout moun. Sèlman se Letènèl li te chwazi pou dòktè'l.

I.   Li te konn soufri nan kò'l
1. Letènèl te konn soutni li sou kabann kote l'ap soufri. Li soulaje'l nan tout ka maladi.
    Sòm 41 : 3
2. Se tan lènmi yo ap pèdi lè yo kwè yo kap pwofite maladi David pou yo anvayi'l.
    Sòm.41 : 7-8
3. Li sèlman priye Bondye pou li jwen gerizon'l.
    Sòm.41 :11

II.   Li te konn soufri nan nanm li
Li te tèlman soufri nan nanm li ke li di : « Sa kap pase nan kè'm jodia fè'm plenn ak doulè.
Sòm.38 :8

III. Li di Letènèl se dòktè'l. Pou bezwen sante'l. Li kriye : « Etènèl, gen pitye pou mwen paske'm pa gen fòs; Geri'm, Étènèl ! paske m'ap tranble jouk nan zo. Sòm.6 :3

1. Maladi'l ka fè lènmi'l yo kontan pou yo pwofite. Lap soufri men li konfese peche'l bay Bondye. Sòm.41 : 11

2. Li konnen Bondye ap geri'l paske li pa nan melanj. Sòm. 41 :12

   Nan Sòm (23) venntwa nou jwen li ansanm ak Letènèl nan tout kote ki gen danje yo. Nan yon ka konsa, eske'l posib pou'l al wè yon lòt medsen ? Janmen !.

3. David ap ofri Letènèl
   a. Yon sakrifis remèsiman. Sòm. 116 :17
   b. Yon sèvis louanj. Sòm. 116 : 17-19
   c. L'ap depoze ofrann li nan tanp la, jan li te pwomèt Letènèl la. Lap fè sa devan tout moun . Sòm. 116 : 18-19

Pou fini

David se te yon garanti pou prestij Bondye devan tout medsen yo. Ki temwayaj Jezi ka rann pou ou zanmi mwen?

Kesyon

1. Ki sa nou wè nou kap di de David ?
   a. Li chwazi Letènèl pou medsen 'l.
   b. Li pale nou de maladi'l.
   c. Li pale nou de soufrans moral li

2. Ki sa'l te konn fè lè'l malad ?
   a. Li priye Bondye pou'l refè.
   b. Li konfese peche'l bay Bondye.

3. Ki sa lenmi yo ap fè lè saa ? Y'ap tann David pi mal pou yo pwofite.

4. Poukisa David pa te ale konsilte lòt medsen ? Paske menm si li wè lanmò an fas, Bondye toujou ansanm ak li.

5. Ki sa'l fè kan li refè ?
   a. Li bay Bondye glwa.
   b. Li bay yon bèl ofrann pou remèsye Bondye.
   c. Li fè jès sa an piblik

Leson 5
Letènèl fè plan pou lavni 'm

Vèsè pou prepare leson an : 1S.13 :14 ; 16 :6-16 ;
17 :34-35 ; 18 :20 ; 31 :2-4 ; 2S.2 :4 ; 5 :1-4 ; Ap.5 :5
Vèsè pou li nan klas la : 1S.16 :2-13
Vèsè pou resite Se sèvi m'ap sèvi ou, tanpri, fè m' santi
ou la avèk mwen. Delivre m', paske ou renmen m'
Sòm. 31 :16
Fason pou fè leson an : Diskou, konparezon, kesyon
Bi leson an : Montre ke pèson pa kapab bloke wout
ou kan Bondye déjà fè plan pou vi'w.

Pou komanse
Eske se nesesè pou gen yon jiri pou kalifye yon sèvitè
Bondye ? Al mande pwofèt Samyèl la di'w :

I. **Bondye deklare ke David se yon nonm ki aji
dapre volonte'l. 1S. 13 : 14**
 1. Papa'l te pran'l pou yon ti gadò mouton.
 1S. 16 : 11
 2. Lè Samyèl rive kay Isayi , papa David, tout
 lide'l se te konsakre Elyab wa, paske li te
 premye pitit, e li te yon nonm byen kanpe ak
 gwo lèstomak li. 1Sam.16 :6
 3. Letènèl pito chwazi David paske li te panse
 nan menm fason ak papa Bondye.
 1Sam.17 :34-35
 4. Bondye te déjà wè ke lavni Izrayèl te chita
 andan ti gadò mouton saa. Konsa, fòk tout
 moun te chita tann li pou wè jan Bondye pra'l
 fè Samyèl konsakre'l. 1Sam.16 : 11

II. An nou wè prèv konsekrasyon saa

1. Sentèspri Bondye antre nan David. Menm moman sa Bondye voye yon move zespri ki pran souke Sayil byen souke. 1Sam.16 : 13-15
2. Pou Bondye montre tout moun chwa saa, li kare David ak jeyan Goliat, e li touye'l. Pou byen di'w, se Jezi, Lyon tribi Jida ki chita nan David pou touye Goliat, reprezantan Satan. Rev. 5 :5
3. Li pote tèt Goliat bay wa Sayil . Ak sa sèlman li te kalifye pou 'l te vinn jeneral nan lame Sayil la e pou'l kap devni bofils waa nan maryaj li ak pwensès Mikal. 1Sam.18 :20
4. Malgre tout koken Sayil te fè, li pat kapab bat David. Alafen se Sayil ki mouri mal ak tout mechanste nan konsyans li. 1Sam. 31 : 2-4

III. Bondye plase'l wa.

1. Tribi Jida ak Benjamen mete'l wa a Ebron. 2Sam. 2 :4
2. Sèt an apre sa, tout Izrayèl te vini anba men'l e li te renye an tou pandan karant an sou tout peyi Izrayèl la. 2Sam.5 :1-4

Pou fini

Rete nan lekòl Bondye nou an. Ni diplòm ou ak tout tòj pou gradyasyon'w chita nan pla men'l.

Kesyon

1. Pouki sa Letènèl di ke David se yon nonm ki ale nan menm sans ak li? Li panse e aji dapre volonte Bondye.

2. Bondye wè lavni pèp Izrayèl la nan ti gadò mouton sa.

3. Ki prèv nou te genyen ke David te konsakre?
    a. Bondye mete Sentespri sou li , Menm lè a li voye yon move zespri sou Sayil.
    b. Li demontre sa kant li te sèvi ak li pou touye jeyan Goliat la.

4. Konbyen tan li te reye sou Izrayèl ? Li te wa nan Ebron pou sèt an e sou tout Izrayèl trent twaza, sa fè karant an.

5. Ki plan papa'l te gen pou li ? Pou'l te fè tout vi'l ap gade mouton.

6. Chwazi bon repons la :
    Nan tan pwofèt Samyèl, pou' w te wa nan peyi Izrayèl
    a. Fòk ou te konnen tout Bib la .
    b. Fòk ou te nan ras pwofèt.
    c. Fòk yon pwofèt Letènèl te konsakre'w.

Leson 6
Letènèl, se gadò lanp mwen

Vèsè pou prepare leson an : Jg.1 :1-2 ;20 :18 ;
1Wa.15 :4 ; 2Wa.8 :19 ; Sòm.27 :1 ; Mich.5 ;1 ;
1Jan.3 :8 ; Rev.5 :5
Vèsè pou li nan klas la : Sòm.27 :1-6
Vèsè pou resite : Se yon sòm David. Seyè a se limyè
mwen, se li ki delivrans mwen. Ki moun ki ka fè m' pè?
Se Seyè a k'ap pwoteje mwen. Ki moun ki ka fè m'
tranble? **Sòm. 27 :1**
Fason pou fè leson an : Diskou, konparezon, kesyon
Bi leson an : Montre ke zetwal ou dwe briye malgre
tout jefò lezòm pou tenyen'l.

Pou komanse
Se pandan David t'ap gade mouton pou papa'l ke
Letènèl komisyonen'l kòm moun ki pou wa nan peyi
Izrayèl. An nou wè kote sa pral rive. 1Sam.16 : 1

I.   **Li chwazi'l nan tribi Jidaa.**
  1. Jida vle di lwanj. Si'w vle byen gade, nan tout
     batay Izrayèl ap mennen, Bondye reklamen
     pou Jida ka devan. Sa vle di lwanj la dwe pou
     li anpremye. Jg.1 :1-2 ; 20 : 18
  2. Se nan ras sa Jezi pral soti. Mich. 5 :1; Rev.5 :5
  3. Viktwa David sou Goliat vle di viktwa Jezi sou
     Satan le Dyab. 1Jan.3 :8

II. **Letènèl gen zye'l sou tribi saa** Poutèt David ke
     temwayaj li dwe briye tankou yon lanp. 2Wa.8 :19
  1. Poutèt pwofesi a ki di ke Sovè a ap soti
     Betleyèm yon ti vil nan Jida. Mich. 5 :1

2. Poutèt Ewòd ki soti nan ras Esaou. Nan moman saa li te chita nan Jerizalèm , a dis kilomèt konsa de Betleyèm, peyi David ke yo va rele yon jou Vil Bondye a. Fòk lènmi jwif yo ki chita nan vil Bondye a, ka dechouke.

III. Letènèl ak David

1. David gen dwa di'w : Letènèl se limyè'm, se li ki soutni vi'm. Sòm.27 :1
2. Letènèl di : « Pitit pitit David se lanp mwen » . Pèsonn moun pa ka etenn li. Li te vle pale de Jezi, Lyon tribi Jidaa. 1Wa.15 :4 ; Rev.5 :5

Pou fini

Kouraj David ak fidelite'l a Bondye se yon eritaj li ye pou nou kretyen. Ki sa ou menm ou pral kite pou eritaj a legliz Jezi-kri a lè'w pa la ankò ?

Kesyon

1. Ki sa Jida vle di nan lan Ebre a? Lwanj

2. Lè Izrayèl pral nan batay, ki tribi Bondye mande ki pou devan ? Jida

3. Nan ki tribi Mesi a soti ? Nan trib Jida

4. A ki sa sanble batay David kont Goliat ?Viktwa Jesi sou Satan.

5. Pouki sa Letènèl te gen zye'l sou tribi saa? Poutèt David pou temwayaj li briye tankou yon lanp.

Leson 7
Bondye restore'm

Vèsè pou prepare leson an : 1S.18 :20 ; 2S.6 :14-22 ;
11 :14-15 ; 12 :10-14 ; Sòm. 4 :2 ; 51 : 3
Vèsè pou li nan klas la : Sòm.51 : 1-11
Vèsè pou resite : Gen pitye pou mwen, Bondye. Jan
ou gen bon kè sa a! Tanpri, efase tou sa mwen fè ki
mal, paske ou gen kè sansib. **Sòm.51 :3**
Fason pou fè leson an : Diskou, konparezon, kesyon
Bi leson an : Montre amou Bondye ki pap janm fini

Pou komanse
Ke pèsonn pa kwè paske Bondye byen avè'w li pap
pini'w pou dezòd ou fè. Eske 's sezi paske David soufri
konsekans peche'l?

I. **Kote peche sa te soti ?**
   1. Dapre sa ki te pase : maryaj li ak pitit wa Sayil
   la, se te yon maryaj politik. 1Sam. 18 : 20
      a. David te rete nan maryaj saa a poutèt
      zanmitay li ak Jonatan, ki frè Mikal.
      b. Li te oblije rete nan maryaj la tou, paske,
      nan epòk saa, si ou marye ak yon pwensès,
      sa te kalifye'w pou ' w vin wa.
      c. David tap gen pwoblèm pou'l renmen
      fanm aristokrat saa, paske li menm, se yon
      peyizan ki pa genyen menm mès ak fiy sa
      k'ap viv tou tan nan palè, nan opilans.
   2. Yon lòt pwoblèm ki fèk parèt:
      a. Mikal meprize David, li desann li byen
      desann paske li t'ap danse nan mitan pèp
      la devan lach la. 2Sam.6 :14,16, 20
      b. Tout sa te agase David . 2Sam.6 : 21-22

c. Depi lè saa, yonn te fwèt ak lòt.

d. Konsa yon jou, santiman li te gen pou Mikal ale tout dwat sou Batcheba. Men kote èskandal adiltè a vin fè kolizyon ak lanmò Iri mari Batcheba. 2Sam.11 : 14-15

e. Lè pwofèt Natan te vinn egzote'l, konsyans li dechire. 2Sam. 12 : 7

f. Nou ka li Sòm 51 pou nou wè repantans li. Sòm. 51 : 3

II. Ki sa Bondye deside nan ka saa ?

1. David dwe peye konsekans sa' l fè a. 2Sam. 12 : 10-14

2. Bondye pini'l men li pa voye'l jete.

3. Lè li fin konfese e repanti, David ka di Bondye :
   « Kounyeya, si'm kriye a ou, Senyè, reponn mwen » Sòm .4 :2

Pou fini

David toujou rete yon moun ke Bondye renmen paske li te imilye'l. Menm Bondye sa ka restore'w zanmi. Renmen'l menm jan li renmen'w.

Kesyon

1. Ki erè nou dwe bat pou nou evite lè nou byen ak Bondye ? Pou nou pa kwè l'ap kite nou fè sa nou vle.

2. Ki sa ki te kòz David chite?
   a. Maryaj li ak pwensès Mikal te yon zafè politik men li pat renmen fiy la vre.
   b. Te gen twop eka ant yon aristokrat e yon peyizan.

c. Li te kenbe maryaj sa paske se te yon pi bèl okazyon pou'l te vin wa an Izrayèl.

d. David te kenbe maryaj sa tou poutèt zanmitay li ak Jonatan , frè a fiy la.

3. Ki sa menm ki kòz David te chite ?
   a. Mikal te meprize'l paske li t'ap danse nan mitan pèp la.
   b. Move pawòl li yo te agase David.
   c. Depi lè saa, yo pa pale.
   d. Konsa santiman li te gen pou Mikal ale tou dwat sou Batcheba.

4. Ki jan li te santi'l apre chit li a ?
   a. Konsyans li te boulvèse apre li te tande sanksyon pwofèt Natan.
   b. Li te konfese peche'l e li te repanti.

5. Ki sa Bondye te deside nan ka saa?
   a. Bondye padonen'l men li fè'l peye konsekans peche'l.
   b. Apre sa li te gen dwa retounen jwen Bondye tankou yon pitit ak Papa'l.
   c. Bondye pa janmen nye'l pou sa. Li toujou yon nonm selon volonte Bondye

Leson 8
Koman Bondye make vi yon kretyen

Vèsè pou prepare leson an : Sòm.23 : 4 -5 ; Jer. 15 :
16-17 ; Mat.11 :28-29
Vèsè pou li nan klas la : Sòm.23 : 1-6
Vèsè pou resite : `Menm si m'ap pase nan yon ravin
kote ki fè nwa anpil, mwen p'ap pè anyen, paske, Seyè,
ou la avèk mwen. Se baton ou ak gòl ou ki fè kè m' pa
kase.**Sòm. 23 :4**
Fason pou fè leson an : Diskou, konparezon, kesyon
Bi leson an : Montre ki jan Bondye kontwole vi nou
jouk nou rive nan benediksyon yo.

Pou komanse
David prezante vi'l ak Letènèl nan twa (3) tablo.

I.   **Premye tablo**
   1.   Tou dabò, Letènèl oblije'l repoze nan mitan
        abondans ; li vle fè'l fè èstaj nan meditasyon ti
        kras pa ti kras. Jezi, Bon Bèje ta di : Vinn jwen
        mwen, ma bay ou **repo**. Mat. 11 :28
   2.   Answit, li mennen'l al bwè kote ki gen dlo
        trankil. *Nan premye jou konvèsyon nou, Bondye mete
        nou devan sityasyon ki senp pou nou pa kouri. Jezi di
        esklavj mwen fasil e fado'm leje.* Mat. 11 :29
   3.   Anfen, li envite'l manje nan yon restoran pou
        nanm li. Konsa, Lekòl Dimanch ak Etid biblik
        se de pi gwo rèstoran pou nanm nou.
        Jer .15 :16

II. **Dezyèm tablo**
   1.   Pou' l kap grandi nan relasyon'l ak Bondye, li
        mete'l devan eprèv ti kras pa ti kras. « *Mênm*

kan m'ap mache nan ravin kote vi'm andanje, mwen pa pè anyen ». Prezans Bondye nan la vi pa vle di nou pap gen soufrans, men ak prezans li, n'ap kapab sipòte'l. Sòm.23 : 4

2. Kounyeya, li kenbe yon bwa kwòk ak yon baton pou defann li e pou drese'l si'l vle bite. Sòm.23 :4

III. Twazyèm tablo

1. Lè soupe a rive.

   a. Li chwazi sa'l dwe manje e li vle lènmi 'l yo konn sa. Sòm.23 :5

   b. Li kwafe'l, li leve tèt li, pou'l gen yon bèl prezantasyon nan sosyete a. Sòm.23 : 5

   c. Godèt li plen ap debòde : Li gen dekwa pou'l viv e dekwa pou'l mete labank. Sòm. 23 :5

2. Jezi se li menm ki pansyon'l ak Sekirite sosyal li nan vye jou 'l. David di « Mwen pa pè anyen ».

Pou fini

« Letènèl se Bèje'l. Eske'w ka di menm bagay la tou?

Kesyon

1. Nan konbyen tablo David prezante nou relasyon 'l ak Bondye ? Twa tablo

2. Bay nou detay sou premye tablo a :
    a. Bondye blije'l pran repo menm nan mitan abondans.
    b. Li mennen'l nan restoran. Jodia nou rele'l Ekòl dimanch ak Etid biblik pou nouri nan'm nou.

3. Bay nou detay sou dezyèm tablo a :
    a. Li bay eprèv detanzantan pou ede'l grandi nan vi èspirityèl li.
    b. Li gen baton'l ak yon bwa kwòk pou drese'l e defann li tou

4. Bay nou detay sou twazyèm tablo a :
    a. Lè pou soupe a, se Bondye li menm ki chwazi sa pou'l manje.
    b. Li bay li yon bèl kwafi pou'l ka byen prezante nan sosyete a.
    c. Godèt li plen ap debòde : li gen dekwa pou' l viv e fè ekonomi.
    d. Letènèl bay pansyon'l ak dekwa pou'l viv nan vye jou li

5. Nan ki lès tablo vi'w ye kounyeya ?

Leson 9
Mezi eprèv ou, mezi benediksyon w

Vèsè pou prepare leson an : Sòm.23 :1-6
Vèsè pou li nan klas la : Sòm. 90 : 10-17
Vèsè pou resite : Koulye a fè kè nou kontan pou menm kantite jou ou te ban nou lapenn, pou menm kantite lanne nou pase nan mizè. Sòm.90 :15
Fason pou fè leson an : Diskou, konparezon, kesyon
Bi leson an : Montre ki jan yon vi de jenn ak priyèkapab garanti bonè nou nan Jezikri.

Pou komanse
Tout moun k'ap achte machin, renmen mande vandè a konbyen kilomèt machin nan ka kouri pou chak galon gas. Ki jan nou kap aplike sa nan vi èspirityèl nou ?

I. **Men ki sa pito, nou ta dwe konsidere.**
    1. Menm kantite tan wap pase anba lè kondisyonen lè w'ap vwayaje nan machin ou an, se menm kantite tan tou kawotchou yo ap soufri sou asfat la pandan tout wout la.
    2. Kat grenn kawochou yo reprezante de (2) men'w ki leve pou mande Bondye gen mizerikòd pou'w e de (2) jenou w reprezante nan ki pozisyon ou dwe mete'w toutotan w'ap fè wout la ak Senyè a. Ebr.12 : 12
    3. Kounyeya mwen pa pale de motè a, ni de transmisyon an. Mwen wè ou gen yon bèl kawosri, sa vle di, yon bon temwayaj devan moun. Men ki jan ou pral reziste nan konba, devan betiz moun vin di'w nan figi'w ? Wom. 12 :12

4. Pa bliye tou ke se sou van machin ou an ap
   roule. Si yon kawotchou pèdi van ou si'l
   eklate, la vi tout pasaje yo andanje. E tout
   moun blije desann machin nan lè saa.

Van nan kawotchou yo se aksyon Sentespri a,
li menm sèl ka ede'w sipòte pwoblèm nan vi
'w kom kretyen .

Kawotchou pete a vle di èskandal, mo sal nan
kay la, ki kòz *Van Sentespri a soti*. Men si ou
gen yon kawotchou de rechan'y ou ka repare
fòt la. Jezi se li menm ki derechan'y nan. L'ap
repare'w lapoula ! David te genyen'l avè'l
menm lè lanmò te menase'l. Bat pou'w gen
Jezi avè'w. Sòm. 23 : 4

Pou fini

Alô konpè! Machin ou an boule gas ? Se nòmal mon
chè ! Ou menm tou ou dwe priye san rete. Se tou nòmal
mon chè ! Bat pou pran swen men'w ak jenou. Se tou
nòmal mon chè ! 1Tès.5 :17 ; Ebr.12 :12

Kesyon

1. Ki kesyon moun kap achte oto toujou renmen poze? Konbyen kilomèt pa galon gas ?

2. Ki sa nou ta dwe konsidere pito nan vwayaj yon kretyen ak Jezi ?
   a. Pou nou sonje ke tout alèz nou alèz lè nou chita nan oto a, se kat gren kawotchou yo kap peye sa pandan tou wout la.
   b. Kat grenn kawotchou yo reprezante de men nou ak de jenou nou ki pou atè pou nou priye.
   c. Se van Sentespri a k'ap fòtifye men nou ak jenou nou ki fè nou pa chite.

3. Ki sa ki kawotchou de rechan'y nou lè nou andanje ? Jezi

4. Machin ou an bezwen fè gas de tanzantan, e ou menm ? Ou dwe priye detanzantan.

5. Make pi bon repons la
   Pou 'w fè yon bon voyaj , men sa ou bezwen :
   a. Bon lè kondisyonen nan machin nan.
   b. Tank gas ou plen ra bò.
   c. Bon misik nan CD ou
   d. 4 kawotchou yo an bon eta

Leson 10
Letènèl se gadò mwen

Vèsè pou prepare leson an : Sòm.23 :1-6 ; 46 : 1-11
Vèsè pou li nan klas la : Sòm.23 :1-6
Vèsè pou resite : Lè nou vire je nou gade l', sa fè kè nou kontan. Nou p'ap janm wont. **Sòm.34 :6**
Fason pou fè leson an : Diskou, konparezon, kesyon
Bi leson an : Bay Letènèl glwa pou byenfè li yo

Pou komanse
« Letènèl se gadò mwen » Ak ki moun David ap pale la?

I. **Se yon anons li fè pou tout moun ka konnen.**
   1. Se yon temwayaj de garanti mouri-kite li genyen.
   2. Se yon avètisman tou li bay tout moun pou yo pa vinn ofri'l yon lòt Dye ki soti nan fabrik yo.
   3. Se pou tout moun konnen ke Letènèl sifi pou li. E li tanmen eksplike sa. Sòm. 23 :1
   4. **« Letènèl se tout bagay pou mwen.»** Sòm 23 : 1
   5. Sa vle di ke sa Bondye bay li a avan li derape, li sifi pou bay li enèji pou travay li gen pou'l fè pandan jounen an.
   6. Sonje ke mouton se yon bèt ki riminan. Li gen pou'l repase nan lèstomak li tout manje yo li finn manje déjà ; se pou'l pa soufri grangou. Konsa, bon kretyen an toujou ap repase mesaj ak etid li te tande nan bouch pastè a pou'l ka viv de yo pou li pa konnen feblès nan vi èspirityèl li Sòm.1 : 3

II. **« Mwen pran tout risk ak Letènèl »** Ayè David te sou tèt mòn nan ap dominen pou'l repase tout viktwa li yo. Sonje ke pou'w monte yon mòn , ou fè gwo jefò sou jarèt ou.

1. Jodia, Letènèl chwazi pou desann ak li nan vale kote lanmò menase'l. Vale a se kote gen labou, vye debri ak salte ou jwenn apre la pli finn tonbe.

2. Vale a se moman de chit ou byen detrès kretyen an.. David te soufri yo tout. Men , malgre tou sa. Letènèl te avè'l. Sòm.46 :4

3. Desann nan vale a vle di tou, yon ti neglijans ki pote'w a bagay fasil , kote ou pa pran vi kretyen'w oserye.

4. Desann nan vale a sanble ak yon glisman dousman dousman nan chit la, e ou manke kouraj pou'w kite peche 'a jiskaske ou tonbe nan dezespwa. Poutan Letènèl la pou rou.

Pou fini

Di'm ki Dye ki pi konpetan pase Letènèl. Kan ou jwen li, rele'm pou' m sèvi'l. Pa genyen tankou Letènèl !

Kesyon

1. Ki sa David vle di nan « Letènèl se gadò' » ? Se yon preavi li voye bay tout moun.

2. Fè yon rale sou li :
   a. Letènèl se garanti'm mouri-kite.
   b. Se yon preavi li voye bay tout moun kap fè piblisite pou Dye yo'a pou yo pa vinn ofri'l
   c. Yo tout dwe konnen ke Letènèl sifi.

3. Sa sa vle di ke li Tout bagay pou mwen
   Mesaj Papa Bondye'm nan si byen nouri'm, ke mwen gade yo nan tèt mwen pou'm repase yo.

4. Ki jan de risk ou kap pran ak Letènèl ?Ou pa bezwen pè desann ak li nan kote lanmò menase'w.

5. Ki sa vale a reprezante ?
   Detrès, moman de feblès nan vi èspirityèl ou, maladi grav , atak lènmi yo ki brital .

Leson 11
Ki kote Gadò mouton yo kanpe

Vèsè pou prepare leson an : Sòm. 16 :8 ; 23 : 1-6 ;
Mat.8 :23-27 ;Mak. 16 :18 ;
Vèsè pou li nan klas la : Sòm.16 :1-11
Vèsè pou resite : Mwen toujou mete Seyè a devan je
m'. Paske li toujou bò kote m'. Anyen pa ka brannen
m'..Sòm.16 : 8
**Fason pou fè leson an : Diskou, konparezon,
kesyon**
Bi leson an : Retire perèz nan kè nou kan ou konnen
ou gen **yon** Bondye ki kapab e ki pran reskonsablite'l.

Pou komanse
Moun ki premye pase nan yon wout, se moun nan ki fè
wout la. Sa pa gen manti ladan. Ki jan jodia mwen ta
prezante nou Letènèl ?

I.   **Li mezire wout pou'm pase a avan'l envite'm
     antre ladan.**
     1.   Li pa kite'm al bwe nan dlo brouya'y ni dlo ki
          sal paske li konn tanperaman'm.
     2.   Kote ki gen labou pou kochon manje, li pa
          mennen'm la paske li konnen li pa fèt pou
          mwen. Sòm.23 :2

II. **Mwen menm ak Senyè a, nou mache ansanm**
     1.   Bèje a ak mouton an, yonn pa kap kite lòt. Kan
          David di w « Letènèl se bèje'm, li pa dakò
          mete okenn lòt moun nan mitan.

2. Men pouki rezon :
   a. Se Letènèl ki sèvi'l sa   pou'l manje ak sa pou'l bwè.
   b. Zye Letènèl klere konsa pou veye tout move kou pou mwen.
   c. Menm sa ki pral rive demen nan la vi'm li déjà ranje sa. Sòm. 23 :6
   d. Pa gen anyen ki manke'm ak Letènèl

III. Li yon Bondye prévwayan
1. Tandiske mwen pre pwoblèm nan, li te déjà pi pre solisyon an.
   a. Avan pou'm ta plenyen fatig, li te déjà gen kote pou fè'm poze nan bon patiraj.
   b. Avan pou'm ta plenyen pou swaf, li te déjà prevwa kantite dlo pou'm bwè. Sòm.23 : 1
   c. Avan grangou ta bare'm, li prepare manje pou'm manje ansanm ak li. Konsa mwen pa kap pè pou moun ta bay mwen pwazon. Mak. 16 : 18
   d. Avan yon bagay ta la pou fè'm pè, li déjà fè wout pou'm pase san lènmi an pa kapab wè'm. Lanmè ap toujou rele lanmè, men tanpèt la fèt pou'l sispann. Mat.8 :23-27 Depi'm voye je mwen wè Senyè sou bò dwat mwen, mwen pa gen dwa bite. Sòm.16 : 8

Pou fini
O Letènèl , ala bon sa bon pou yon moun ap viv nan prezans ou !

Kesyon

1. Ki mou ki premye pase nan yon wout ? Moun nan
   ki fè wout la.

2. Ki jan pou nou ta prezante Letènèl ?
   a. Li mezire wout la avan'm pase ladan.
   b. Nou mache kòt a kòt
   c. Li prevwa tout bagay pou mwen.

3. Pouki sa li chwazi pou mwen dlo pezib e zèb ki fre?
   Paske'l konnen ke mouton pap bwè nan dlo sal, ni
   manje zèb nan labou.

4. Pouki sa li toujou mache ak mwen ?
   a. Pou li rete tou pre sa'm bezwen.
   b. Pou li anpeche'm chite.

5. Trouve bon repons yo.
   a. Letènèl se vwazen'm, si zy'e m tonbe nan zye'l
      nou di bonjou.
   b. Letènèl se avoka'm, mwen renmèt li tout kòz
      mwen.
   c. Pou kounyeya, Letènèl finn vye granmoun,
      pito'm pale ak yon jenn ti zanj.
   d. Letènèl se tout bagay pou mwen.

Leson 12
Letènèl nan komansman tout bagay

Vèsè pou prepare leson an : 2Sam.   5 :17-25 ;
Sòm.23 :1-6 ; 34 :23 ; 35 :23 ; 31 :16 ; 41 : 1-11 ; 125 : 3
Vèsè pou li nan klas la : Sòm.121 :1-8
Vèsè pou resite : L'ap pwoteje ou kit w'ap antre, kit
w'ap soti, depi koulye a ak pou tout tan. **Sòm. 121 :8**
**Fason pou fè leson an : Diskou, konparezon,
kesyon**
Bi leson an : S'assurer que Letènèl est le propriétaire
de votre vie

Pou komanse
Ke'w vle, ke'w pa vle, Letènèl dwe pou li nan
komansman tout bagay. David te kwè sa.

I.   Li okomansman sante'l :
Letènèl te okomansman tout ti bezwen'l. Se li ki
chwazi ki sa ki pi bon pou'l manje dapre eta
sante'l. Sòm.23 :.2
1.   Li tcheke tout sa pou'l bwè : Konsa li pa kite'l
al tande ni vye mizik ni vye koze ki ka yon
danje pou nanm li. Bagay sa yo sanble ak vye
bweson, ak vye dwòg ki pa bon pou vi
espirityèl li.
2.   Li tcheke tout ti detay nan zafè manje 'l.
Menm jan ou pa vle manje manje ki soti nan
izin yo, se menm jan tou li pa vle nouri nanm
li ak vye koze kap di nan media yo. Li pito li
bon liv, tande bon mizik, koute moun ki kap
bay li bon konsèy pou gide'l.

II. Letènèl antèt tout pwoblèm li yo

1. Se li menm ki chwazi eprèv yo e prevwa tou, tout delivrans yo. Sòm. 34 : 23
2. Li pa kite'l mele nan zafè moun. Li pwoteje'l kont egzijans la chè. Sòm. 125 :3
3. Se li menm ki kare David ak advèsè a e se li menm tou ki fè plan batay la. 2Sam. 5 : 17-23
4. Avan batay la maye, li fè'l konnen lap genyen. 2Sam.5 : 19, 23-25
5. Se Letènèl ki bay li yon anèstezi lè li lopital. Sòm. 41 : 4, 11
6. Nan ka biwo, Letènèl se avoka'l. Sòm.35 :23

III. Letènèl nan komansman richès li ak retrèt li tou

Yon tab gani, yon tenbal byen plen, yon kont kouran, yon kont depay, yon bon bisnis ki rapòte apre'l finn goumen ak la vi a...se yon fason pou di w « desten'l nan men Letènèl. Sòm. 31 :16

Pou fini

Mete Letènèl okomansman tout bagay nan vi'w, konsa wa wè viktwa a tonbe bò kote 'w.

Kesyon

1. Ki pozisyon Letènèl nan vi David ?
   a. Li okomansman sante'l :
   b. Letènèl antèt tout pwoblèm li yo
   c. Letènèl nan komansman richès li ak retrèt li tou

2. Ki sa nou vle di pa bezwen chak jou 'l ?
   a. Letènèl fè'l kanpe lwen vye betiz sal
   b. Li elwaye'l de vye dans sal, mizik sal, move liv ak move zanmi.

3. Ki jan Letènèl kanpe nan eprèv li yo ?
   a. Se li menm ki chwazi eprèv yo e prevwa tout delivrans yo.
   b. Li pa kite'l mele nan zafè moun. Li pwoteje'l kont egzijans la chè
   c. Se li menm ki kare David ak advèsè a e se li menm tou ki fè plan batay la.
   d. Avan batay la maye, li fè'l konnen lap genyen.
   e. Se Letènèl ki bay li yon anèstezi lè li lopital.
   f. Nan ka biwo, se Letènèl ki avoka

4. Eske li bezwen enkyete pou vye jou'l ?
   a. Non. Veso'l ap debode.
   b. Li gen kont kouran, li gen kont depay.
   c. Li gen biznis kap rapòte'l lajan.
   d. Destine'l nan men Letènèl.

5. Ki sa David rekomande nou? Pou nou toujou mete Letènèl okomansman.

Lis vèsè yo

1. Ou mèt rete avè m'. Ou pa bezwen pè. Koulye a Sayil pral chache touye ni ou ni mwen. Bò kote m', anyen p'ap rive ou. 1Sam.22 :23

2. Pa bay kò nou traka pou anyen. Men, nan tout sikonstans mande Bondye tou sa nou bezwen nan lapriyè. Toujou chonje di l' mèsi tou lè n'ap lapriyè..Fil.4 : 6

3. Ki moun ki va akize moun Bondye chwazi yo? Pesonn. Paske se Bondye menm ki fè yo gras! Wom.8 :33

4. Ala bon sa bon pou moun ki pran ka pòv yo! Seyè a va delivre l' lè la nan tray.;Sòm. 41 : 1

5. Lavi m' nan men ou. Delivre m' anba lènmi m' yo, anba moun k'ap pèsekite m' yo! Sòm. 31 :16

6. Seyè a se limyè mwen, se li ki delivrans mwen. Ki moun ki ka fè m' pè? Se Seyè a k'ap pwoteje mwen. Ki moun ki ka fè m' tranble? Sòm. 27 :1

7. Gen pitye pou mwen, Bondye. Jan ou gen bon kè sa a! Tanpri, efase tou sa mwen fè ki mal, paske ou gen kè sansib. Sòm.51 :3

8. 4 Menm si m'ap pase nan yon ravin kote ki fè nwa anpil, mwen p'ap pè anyen, paske, Seyè, ou la avèk mwen. Se baton ou ak gòl ou ki fè kè m' pa kase.Sòm. 23 :4

9. Koulye a fè kè nou kontan pou menm kantite jou ou te ban nou lapenn, pou menm kantite lanne nou pase nan mizè. Sòm.90 :15

10. Lè nou vire je nou gade l', sa fè kè nou kontan. Nou p'ap janm wont .Sòm.34 :6

11. Mwen toujou mete Seyè a devan je m'. Paske li toujou bò kote m'. Anyen pa ka brannen m'.Sòm.16 : 8

12. L'ap pwoteje ou kit w'ap antre, kit w'ap soti, depi koulye a ak pou tout tan.Sòm. 121 :8

Evalyasyon

1. Nan douz leson yo ou soti wè a, ki lès nan yo ki pi
    touche w ?
    a. Pou tèt pa w ?_____
    b. Pou fanmiy w? _____
    c. Pou 'legliz ou?_____
    d. Pou peyi w?_____

2. Ki desizyon w apre klas la?
    _____

3. Ki konsèy ou ta bay Lekòl dimanch la :
    _____

4. Kesyon pèsonèl :
    Ki jan de kontribisyon mwen te kap pote nan
    Legliz la?_____
    Ki jefò mwen fè pou m amelyore
    kondisyon l_____
    Si Jezi vini kounyeya, eske mwen pral fyè de
    travay mwen? _____

DIFE K AP BOULVÈSE A

Seri 4

KONFESYON

Avangou

Nou ekri seri saa pou mete w angad kont sa ki sanble men ki pa sa. Konfesyon se pa zafè moun ki lach ou ki vle fè wè. Se zafè moun ki gen gwo pèsonalite nan Bondye. Kant nou gade byen, moun nan ki gen gwo lògey la, li kwè li toujou gen rezon e li bay tèt li glwa menm pou move bagay li fè. Poutan, kretyen tout bon an konnen kant li fè sa ki mal, se Dyab la ki pouse'l fè sa. La menm, li kouri mande Bondye padon. Mwen ta swate ou gade espri sa pandan ti tan w'ap li Seri saa e nou gen espwa ke Sentespri a pral gide 'w nan tout sityasyon ki gen pou vini nan la vi'w.

Pastè Renaut Pierre-Louis

Leson 1
Ki sa konfesyon an ye

Vèsè pou prepare leson an : Sòm.142 :8 ; Kol. 3 :13 ; Ja.4 :16

Vèsè pou li nan klas la : Kol. 3 :1-14

Vèsè pou resite : 3 Se pou nou yonn sipòte lòt, pou nou yonn padonnen lòt si nou gen kont yonn ak lòt. Wi, se pou yonn padonnen lòt, menm jan Kris la te padonnen nou.. **Kol.3 :13**

Fason pou fè leson an : Diskou, konparezon, kesyon

Bi leson an : Mache dwat chak jou devan Bondye e devan tout moun.

Pou komanse

Pouki rezon ou chanje rad ki te sou 'w apre ou finn fè twalèt ou byen lè 'w finn benyen? Se paske ou santi bezwen pou'w rete pwòp. Se menm jan tou pou nanm ou ki dwe rete pwòp. Se pou rezon saa ou bezwen konfese.

I. **Ki sa konfesyon an ye ?**
    1. Toudabò, men sa'l pa ye :
        a. Se pa resite peche ou te fè.
        b. Se pa yon demach wa'p fè pou'w kase kè moun pou montre jan'w bon.
        c. Se pa jefò wa'p fè pou montre ke'w pa pè di verite.
    2. Men gen lòt bagay toujou :
        a. Konfesyon san'w ou pa repare tò'w se yon blòf. Konfesyon san repantans se pale pou gremesi.
        b. Mete dlo nan je pandan w'ap prepare'w pou vanje se ipokrizi total.

    c. Plede denonse sa moun fè pandan ou pa vle di sa'w fè, se zafè moun ki lach.

    d. Zafè rann sèvis a moun nan ou ofanse'a tan pou'w konfese fòt ou, se kamouflaj

3. Ki sa konfesyon an ye ?

    a. Konfesyon se pou'w asèpte avwe tò'w a moun ou te fè tò'a , pou'w mande'l padon. Pa gen gwo nèg nan sa.

    b. Konfesyon se pou'w asèpte repare dega ou te komèt.

    c. Konfesyon se pou'w dakò pou moun ou fè tò'a ka padonen'w pou retire nan'm ou nan prizon li ye a. Sòm. 142 :8

II. Ki jan de atitid pou'w genyen ?

1. Si'w konnen ke ou pa gen kouraj pou'w mande padon pou tò ou fè moun, se pou'w pran tout prekosyon tou pou'w pa ofanse pèson. Si se pa sa, nou pa reskonsab tout sa ki ka rive'w.

2. Ou pa kap padonen tèt ou san konsantman moun nan ou ofanse'a. Kol.3 :13

3. Se yon lachte si ou di se lòt moun ki lakòz ou te fè peche a.

4. Si ou te gen feblès pou'w jete yon bagay a tè, se pou'w kapab genyen anpil kouraj pou'w bese e pou'w ranmase'l.

5. Sonje ke ogèy ou ka kòz move reyaksyon kay moun nan ou te fè tò a. Men, tout sa pa nesesè.

Pou fini

Evite yon gè initil. Konfese fòt ou e rete bon zanmi ak vwazen ou.

Kesyon

1. Pouki sa ou fè twalèt ou byen ou benyen lè'w leve ?
   Paske 'w santi nesesite pou'w pwòp.

2. Kisa konfesyon pa ye ?
   a. Se pa resite peche yo
   b. Se pa demach pou atire atansyon moun sou' ou, ni pou'w montre ke'w pa pè konfese.

3. Ki konfesyon moun fè an aparans ?
   a. Konfesyon san'w pa peye domaj ou fè
   b. Tonbe kriye ak repantans pandan w'ap prepare vanjans ou.
   c. Dénonse lòt moun olyede konfese peche pa'w
   d. Rann sèvis a moun ou te ofanse a olyede konfese fòt ou.

4. Ki jan ou kap defini konfesyon an ?
   a. Se chèche wè moun ou ofanse a pou'w mande'l padon.
   b. Se angaje'w pou repare tò'w
   c. Se pou'w tann moun nan ou ofanse'a konsanti pou'l di'w li padonen'w.

5. Ki pi bèl atitid ou dwe genyen ?
   a. Si'w konnen ke ou pa gen kouraj pou'w mande padon pou tò ou fè moun, se pou'w pran tout prekosyon tou pou'w pa ofanse pèson. Si se pa sa, nou pa reskonsab tout sa ki ka rive'w.
   b. Ou pa kap padonen tèt ou san konsantman moun nan ou ofanse'a.
   c. Se yon lachte si ou di se lòt moun ki lakòz ou te fè erè ou te komèt la.
   d. Si ou te gen feblès pou'w jete yon bagay a tè, se pou'w kapab genyen okontrè anpil kouraj pou'w bese e pou'w ranmase'l.
   e. Sonje ke ogèy ou ka kòz move reyaksyon kay moun nan ou te fè tò a.

Leson 2
Krentif pou Bondye oblije'w konfese

Vèsè pou prepare leson an: 2Sam.12 :1-14 ;
Sòm.51 :1-21

Vèsè pou li nan klas la : 2S.12 :11-14

Vèsè pou resite : Ofrann ki fè Bondye plezi, se lè yon moun soumèt tèt li devan li. Bondye, ou p'ap janm meprize moun ki soumèt tèt li devan ou, moun ki rekonèt tò li.**Sòm.51 :19**

Fason pou fè leson an : Diskou, konparezon, kesyon

Bi leson an : Montre ki jan lezòm pèdi tout fòs yo kant yo kite konsyans yo repwoche yo.

Pou komanse

Pwovèb la di : Se nan tèt pwason pouri. Sa vle di ke moun ki ta dwe bay bon egzanp la, se li ki fè yon bagay ki mal. David te konn sa. Li peche. Li asèpte konfese fòt li. Ki jan'l te santi'l apre sa ?

I. Konsyans li repwoche'l.

1. Li pa gen bon somèy apre pwofèt Natan te finn egzote'l. 2S. 12 : 1-4

2. Pwofèt la pote'l kondanen pwòp tèt li e pwononse pwòp santans li . 2S.12 :5-6

3. Ti bèje mouton'an Bondye te mete sou twon nan an Izrayèl, jodia li soti fè de (2) krim tèt kole. Ala yon gwo desèpsyon pou Bondye ki di li renmen David ? David vinn pè.

II. **Li koube byen ba devan sanksyon an.**
Pwofèt Natan di'l :
Se'w ou menm ki kriminèl la ! 2Sam. 12 : 7.
A la yon gwo bri nan konsyans David!
Natan di'l
1. « Ou leve lagè lakay ou. 2Sam.12 : 10
2. « Sa ou te fè ak Batsheba an kachèt la, yo pra'l
   fè'l a madanm ou yo anpiblik. 2Sam.12 : 11-12
   a. Sa twòp atò. David konfese li di: « Mwen
      peche ! »
   b. Natan di : « Dakò, ou peche. Men pitit ou
      fè nan peche saa pra'l mouri » 2S.12 : 14
   c. David pa di yon mo. Li sèlman mande
      Letènèl pou'l gen pitye pou li. Sòm. 51 :3
   d. Li pa bay pèson pote chay pou li. Li pito
      di :
      « Mwen fè sa ki mal nan figi'w. Mwen
      pran   tout   reskonsablite   a   sou
      do'm » Sòm.51 : 6
   e. Li pè pou Letènèl pa gate zanmi ak li.
      Sòm.51 : 13

Pou fini
Malgré tout sa 'w tande'a, Bondye pa sispann renmen
David. Pouki sa ? Se paske li rekonèt fòt li e li konfese
yo. Ki sa ki anpeche'w fè menm jan tou ?

Kesyon

1. Ki sa ki te fè grandè David? Li te gen kouraj pou'l admèt fòt li e pou'l te konfese yo.

2. Ki sa ki te pase nan konsyans li apre li finn tande sanksyon pwofèt la ?
   a. Konsyans li boulvèse.
   b. Se li menm ki pwononse jijman sou tèt li.
   c. Li dakò pran sanksyon li merite.
   d. Li soufri anpil nan nanm li paske'l te pè pou zanmitay li ak Bondye pat gate.

3. Ki sanksyon pwofèt la te bay li ?
   a. Ou leve lagè lakay ou.
   b. « Sa ou te fè Batsheba an kachèt, yo pra'l fè'l a madanm ou yo anpiblik.
   c. Pitit ou fè nan peche saa pra'l mouri »

4. Ki jan David te pran sa?
   a. Li dakò. Li konsyan li te fè mal
   b. Li te pè pèdi zanmitay li ak Letènèl

Leson 3
Konfesyon yon wa ki pat fidèl

Vèsè pou prepare leson an : 1Sam.15 : 1-35 ; 28 :7-8
Vèsè pou li nan klas la : 1Sam.15 :19-30
Vèsè pou resite : ito yon moun fè sa Seyè a di l' fè a pase pou l' touye bèt ofri pou Bondye. Pito yon moun soumèt devan Bondye pase pou l' ofri bèl belye chatre pou Seyè a. **1Sam.15 :22b**
Fason pou fè leson an : Diskou, konparezon, kesyon
Bi leson an : Fè tout moun sonje pou yo pa pran chans tronpe Bondye. Sa ap koute yo twò chè

Pou komanse
Yon egzotasyon pwofèt Samyèl pra'l denonse sa ki te nan kè wa Sayil. Sa pral fè nou mal pou nou pale de li.

I.   Ki sa Sayil te fè ?
1. Li kase batay ak Amalesit yo e l'ap bat pou'l fini ak yo. 1Sam.15 : 2-3
   a.   Pou sa kap rive, Letènèl te mande'l pou'l meprize tout sa lènmi an te kite sou chann batay la : Sayil te refize fè sa. 1Sam. 15 : 9
   b.   Poutan li monte yon peristil nan Mòn Kamèl pou li adore yon zidòl. 1Sam.15 : 12
   c.   Li fè manti sou pèp la devan pwofèt Samyèl pou'l di ke se yo ki te pran bèf yo ak mouton yo pou yo fè sakrifis pou Letènèl. 1Sam.15 : 14-15

II. Ki jan Letènèl te pini'l?

1. Letènèl voye pwofè Samyèl kote'l pou blanmen'l.

2. Pwofèt la pat dakò ak eskiz li yo. Pwofèt la di'l kareman :

   Letènèl dakò ak moun ki obeyi'l pase moun ki ap fè sakrifis pou li. Se dezobeyisans ou ki kòz ou tonbe nan sèvi bòkò.

   Se poutètsa Letènèl revoke'w. 1Sam. 15 : 22-23

III. An nou wè konsekans konfesyon koken wa Sayil la

1. Li di : « Mwen dakò'm peche. Men se pou'w chante Te Deum pou mwen devan pèp la. 1Sam.15 : 30

   Ki sa ? Ou menm ki merite al nan prizon, w'ap reklame pou yo bay ou wochan devan tout moun ! Ki kalite odas sa ?

   a. Pwofèt Samyèl si tèlman fache, ke li pran yon ponya, li touye hougan an.
      1Sam. 15 :32-22

   b. Li pa janmen vizite wa Sayil jouk li mouri.
      1Sam. 15 : 35

2. Ki konsekans sa te genyen ? Bondye pa reponn okenn priyè wa Sayil depi lè saa. 1Sam.28 : 6.

   a. Lè Sayil wè sa, li ale kay yon manbo nan bouk AnDor.1Sam. 28 :7-8

   b. Bondye touye'l e li mete wa David nan plas li. 1Sam.15 :28

Pou fini

Mwen soupriye'w, rekonsilye'a ak Papa Bondye nan yon konfesyon ki sensè , konsa vi'w a kontinye.

Kesyon

1. Ki sa Sayil te fè ki mal ?
   a. Li ranmase richès Amalesit yo te kouri kite.
   b. Li pa touye Agag, wa amalesit yo.
   c. Li monte yon peristil nan Mòn Kamèl.

2. Ki pinisyon pwofèt la te bay li ?
   Bondye te revoke'l kòm wa nan peyi Izrayèl.

3. Ki fo konfesyon wa Sayil te fè ?
   Li dakò li peche, men li vle pwofèt la bay li wochan devan tout pèp la.

4. E ki sa pwofèt Samyèl te fè lè saa ?
   Li touye Agag, wa amalesit la

5. Ki sa Letènèl te fè ankò?
   Li pa reponn a okenn priyè wa Sayil.

6. E ki sa wa Sayil fè lè saa ? ?
   Li ale kay yon manbo nan bouk Andò.

Leson 4
Yon wa payen te oblije fè yon konfesyon

Vèsè pou prepare leson an : Da. 2 :5-10, 36-47 ; 3 :
1-29
Vèsè pou li nan klas la : Da. 3 : 28-30
Vèsè pou resite : Wa a di Danyèl konsa: -Se vre wi!
Bondye ou la gen plis pouvwa pase tout lòt bondye yo.
Se li ki chèf tout wa, se li menm ki fè moun konnen
sekrè ki kache, depi ou te ka fè m' konprann sans rèv
mwen te fè a. **Dan. 2 :47**
Fason pou fè leson an : Diskou, konparezon, kesyon
Bi leson an : Montre ki jan Bondye fòse yon wa payen
rekonèt e temwaye ke se li sèl ki Bondye.

Pou komanse
Ki moun ki ta kwè ke Letènèl ta itilize yon wa payen
kom   mesaje   pou'l   komanse   yon   kanpay
Evanjelizasyon Se te wa Nebikadneza, yon wa ki kwè
nan rèv ak manti yo pote bay li.

I.   **Li fè yon rèv ki boulvèse'l :** Anwetan Danyèl,
     yon jwif ki nan Diasporaa, pa gen pèson ki kap
     dechifre rèv waa.
     1.   Kan majisyen yo tande ke si yo pa kapab jwen
          rèv la pou yo bay eksplikasyon'l, wa pral touye
          yo, yo tout rale kò yo. Da. 2 : 5,10
     2.   Bondye révéle Danyèl rèv la ak tout
          eksplikasyon 'l. Pou'm bay ou yon lide, wa te
          wè nan dòmi yon èstati ki gen yon tèt annò;
          men te genyen twa lòt ren'y ki vini apre re'y pa
          li a. Da. 2 :36-45

3. Ki te konfesyon waa : Lè li finn tande Danyèl, li konfese ke se sèl Bondye Danyèl ki Bondye. Da. 2 :47

II. Wa Nebikadneza vle fè mekanik nan rèv la

1. Li mete kanpe yon èstati annò, latèt opye, pou vle di ke apre li se li ankò ki pou rete wa. Da. 3 : 1-2
2. Li egzije ke tout moun nan wayòm li ki ta refize adore èstati saa, li pral boule yo. Da. 3 :4-7

III. Twa sèl moun ki refize mete ajenou devan idòl la :

1. Se te twa ti jwif ki rele Chadrak, Mechak ak AbedNego. Yo te pito mouri tan pou yo te trayi fwa yo nan Bondye. Da. 3 :16-18
2. Wa a fè jete yo nan yon boukan dife.Da. 3 :23
   a. Orezime, se bouro yo kit al jete ti jwif yo nan dife a ki mouri. Da. 3 : 22
   b. Yo menm yo tap mache nan dife a ansanm ak **Lanj Letènèl la** .Da. 3 :23-25
3. An nou tande konfesyon waa : Mwen mande ke tout wayòm ki anba menm nan, rekonèt ke Bondye twa jenn gason sa yo, se li menm sèl ki Bondye. Malè a moun nan ki pa dakò. Da. 3 :29

Pou fini

Sa nou sot tande a, pa repete toutan. Depi jodia, tanpri an nou pran reskonsablite nou pou nou fè Evanjelizasyon.

Kesyon

1. Ki moun Letènèl te chwazi pou komanse yon kanpay Evanjelizasyon mondial ? Nebikadneza, yon wa payen.

2. Kote sa te soti ? Nan yon rèv li fè ke se sèl Danyèl ki te kap bay li eksplikasyon'l.

3. Ki sa waa te rive kwè ? Sèl Bondye Danyèl ki mèt e souvren

4. Ki sa wa te fè ak rèv la pou'l vire'l ?
Li kanpe yon èstati annò latètopye e li egzije tout moun nan wayòm li a pou adore'l , sinon lap touye yo.

5. Ki moun ki pat dakò obeyi waa ? Twa jenn ti jwif

6. Ki sa waa te fè ?
Li fè jete yo nan yon boukan dife.

7. Ki sak te pase ? Dife a pat genyen okenn pouvwa sou yo Lanj Letènèl te ansanm ak yo nan dife an.

8. Ki sa waa te deside ?
Li egzije ke tout moun rekonèt Bondye Chadrak, Mechak ak AbedNego, ke si sèl ki Bondye tout bon vre. Malè a moun nan ki pa dakò a

Leson 5
Konfesyon yon jwif kretyen

Vèsè pou prepare leson an : Tra.9 : 1-18 ; 20 :24 ;
22 :4 ; Wom.1 :16 ; 1Kor.15 :9 ; Ga. 2 :20 ; Fil. 3 :8
Vèsè pou li nan klas la : 1Kor.15 :7-11
Vèsè pou resite : Se mwen menm ki pi piti nan apòt
yo. Mwen pa menm merite pou yo ta rele m' apòt, pou
jan m' te pèsekite legliz Bondye a.**1Kor.15 :9**
Fason pou fè leson an : Diskou, konparezon, kesyon
Bi leson an : Montre koman yon nonm mechan jwen
padon Bondye paske li t'ap aji nan inyorans.

Pou komanse
Lè nouvèl la gaye ke Sol de Tas konvèti, tout peyi a
souke. Nonm sa te kwè ke lè'l pesekite kretyen yo, se
Bondye li t'ap rann sèvis.

I.   Ki sa ki fè'l chanje konpòtman'l ?
1. Se li menm ki te ale fè demach kote gran prèt
   yo pou bay li dwa arete depi se kretyen nan vil
   Damas nan peyi Siri. Tra.9 : 1
2. Pandan li nan wout pou li al fè sa, yon gwo
   limyè frape'l , li vide'l atè . Li tande yon vwa ki
   di'l : Sol Sol, ki sak fè w'ap pèsekite'm konsa? »
   Tra. 9 :3-4
   a.   Li reponn pa yon kesyon tou : «Ki moun
        ou ye Senyè ? » Vwaa reponn li
   b.   « Se ak mwen menm Jezi ou annafè »
   c.   Senyè vegle zye'l nan zafè relijyon'l nan e
        li fè ke se yon kretyen ki te gen dwa louvri
        zye'l nan wayòm lagras la.Tra.9 : 17-18

3. Depi lè saa, Sol pran men'l pou li obeyi Jezi ki nouvo chèf li. Tra.9 : 6

Kounyeya, li mete tout fòs li deyò pou'l sèvi Jezi pou'l defann Levanjil la. Tra. 9 :15

II. Konfesyon apòt Pol

1. Mwen fè sa'm konnen pou'm kraze dòktrin sa. Tra.22 :4

2. Jodia mwen mete chapo ba devan tout bèl konesans mwen vinn genyen nan JeziKri . Fil. 3 : 8

3. Malgré tou, se mwen ki pi piti pami apòt yo, mwen pa merite ke yo rele'm apòt paske mwen te pèsekite Legliz Bondye. 1Kor. 15 : 9

III. Ki sa'l fè pou'l dedomaje Jezikri

1. Li sispann pale de tèt li. Tra.20 :24

2. Li pa wont preche Levanjil. Wom.1 :16

3. «Li di : Si m'ap viv kounyeya, se pa mwen menm k'ap viv, men se Kris k'ap viv nan mwen. Ga. 2 :20

Pou fini

Aprè tout tan l'ap swiv Jezi, Pol te ekri trèz lèt pou sèvi Kristyanis la. An nou mete men nou asanm pou nou bay apòt Pol, yon sètifika pou onètete'l.

Kesyon

1. Pouki sa nou fè komantè sou konvèsyon Sol ?
   Paske li te konn pèsekite kretyen yo
2. Eske li te gen movèz fwa ? Non, okontrè, li te kwè
   lè'l fè sa, se Bondye li t'ap rann sèvis

3. Ki lè li te chanje lide'l ?
   Pandan li te kite Jerizalèm, li te nan wout pou ale
   Damas pou'l al minote kretyen yo, li kontre ak
   Jezi-kri sou wou li , ki manke pete de grenn zye'l.

4. Ki djòb li kounyeya ? Defansè levanjil

5. Ki sa li te konfese?
   a. Mwen fè sa'm konnen pou'm kraze dòktrin sa.
   b. Jodia mwen mete chapo ba devan tout bèl
      konesans mwen vinn genyen nan JeziKri .
   c. Malgré tou, se mwen ki pi piti pami apòt yo,
      mwen pa merite ke yo rele'm apòt paske
      mwen te pèsekite Legliz Bondye.

6. Ki jan li te dedomaje Jezikri ?
   a. Li sispann bay tèt li valè.
   b. Li pa wont preche Levanjil.
   c. «Li di : S m'ap viv kounyeya, se pa mwen
      menm k'ap viv, men se Kris k'ap viv nan
      mwen.

Leson 6
Konfesyon yon lidè kretyen

Vèsè pou prepare leson an : Jòb1 :1-22 ; 2 :9 ; 4 :7 ;
5 :4 ; 12 :3 ; 31 : 25,35 ; 38 :1-2 ; Lik.16 : 19-22 ;
Ebr.12 :8

Vèsè pou li nan klas la : Jòb 42 :1-6

Vèsè pou resite : Sa m' te konn sou ou a, se sa lòt
moun te di m' ase. Koulye a, mwen wè ou ak je
mwen.Se konsa, mwen wete tou sa mwen te di. Mwen
kouche sou sann ak nan pousyè, m'ap mande padon.

Jòb 42 : 5-6

Fason pou fè leson an : Diskou, konparezon, kesyon

Bi leson an : Ede kretyen yo nan vi èspirityèl yo e vi
moral yo lè yo genyen pou travèse gwo soufrans.

Pou komanse

Eske nou konnen gen kretyen ki kwè ou gen madichon
paske w' ap travèse gwo soufrans ? Yo ta merite fè yon
vizit kay frè Jòb.

I.   **An nou antre nan kay lanmò a**
1.   Nou jwen Jòb ki fèk pèdi tout byen'l ak tout
     pitit li yo. Jòb.1 :13-19
2.   Malgré tout li bay Bondye glwa nan mitan
     soufrans li yo. Jòb1 : 20-22

II. **Gade ki jan zanmi li yo fè komantè sou
     soufrans li yo**
1.   **Men sa yo di :**
     a. Jòb modi paske li gen peche l'ap komèt
        ankachèt. Jòb.4 :7

    b. Moun pa konn mouri jenn konsa. Se madichon Jòb genyen ki fè sa rive'l. Jòb5 :4

    c. Jòb te kwè li moun pase tout moun. Jodia, li pral blije fèmen bouch li. Jòb 12 : 3

2. Men sa madanm Jòb di :
Nou pa dwe Bondye anyen. N'ap vekse'l byen vekse, apre sa nou te mèt mouri.
Jòb 2 : 9

3. Men sa Jòb te kwè :
Li te refize kwè ke richès yo te yon rekonpans paske li te fidèl a Bondye. Jòb 31 : 25, 35
Li te sèlman kwè ke a kòz fidelite'l a Bondye, li pa ta dwe soufri. Ebre.12 : 8
Li leve pwòp tèt li devan move zanmi'l yo.
Jòb 12 :3

III. An nou wè eksperyans pèsonèl li ak Bondye

1. Eprèv nou yo nan plan Bondye. Jòb 38 : 1-2
2. Tout linivè sou kontwòl Bondye.
3. Li pa janmen pwomèt richès tankou yon rekonpans a moun ki mache Legliz. Na wè moun ki pòv tankou Laza ki pra'l nan syèl. Lik 16 : 19-22

IV. Konfesyon Jòb ak jan Bondye leve' l atè a

Mwen mete chapo ba devan otorite Bondye. Mwen fè repantans mwen nan prezans li.

Pou fini

Se kounyeya Jòb ki t'ap mache Legliz, vinn konvèti. Li aprann padonen fo zanmi yo e madanm li tou. Bondye double richès li yo. Li pran leson nan la vi. Kounyeya, se tou pa'w. Eske'w pral konfese ?

Kesyon

1. Ki jan anpil kretyen panse lè yon moun nan soufrans? Se madichon w genyen

2. Ki egzanp nou genyen ? Eksplike
   Jòb te pèdi tout byen'l ak tout pitit li, malgré tou li bay Bondye glwa.

3. Ki jan moun ki te vinn swate'l kondoleyans te pran soufran li yo ?
   a. Pou fo zanmi yo se sa Jòb fè l'ap peye.
   b. Se madichon'l te genyen ki fè'l te pèdi tout pitit li yo.

4. Ki deklarasyon man Jòb te fè ?
   Nou pa gen anyen nou dwe Bondye. Joure'l byen joure, apre sa nou te mèt mouri.

5. Ki konfesyon Jòb te fè?
   Dapre eksperyans pèsonèl li ak Bondye, li met chapo ba devan'l , li repanti.

6. Ki sa Jòb anseye nou? Se Letènèl ki bay. Se Letènèl ki reprann sa'l te bay. Béni swa Letènèl !

Leson 7
Konfesyon ak restitisyon yon anfan de la pwomès

Vèsè pou prepare leson an : Jen. 27 : 41 ; 28 : 11-22; 32 : 1-30 ; 33 : 1-4 ; 35 : 1-15
Vèsè pou li nan klas la : Jen. 32 : 22-32
Vèsè pou resite : Nonm lan di l': -Yo p'ap rele ou Jakòb ankò. Y'ap rele ou Izrayèl, paske ou goumen ak Bondye, ou goumen ak moun, se ou menm ki genyen batay la..
Jen. 32 : 28
Fason pou fè leson an : Diskou, konparezon, kesyon
Bi leson an : Montre ke konfesyon san restitisyon se blòf.

Pou komanse
Eske nou rekonèt ti jenn nonm sa ki soti pase ventan nan Diaspora Mezopotami ? Se Jakòb ! Kite'm pale'w de li !

I. **Li rich.**
    1. Li te komanse tou pòv, kounyeya li rich.
        Jen. 32 : 10
    2. Poutan gen yon gwo pèt kap tann li :
        Frè'l Esaou ap vinn jwen ak li ak yon lame ki genyen katsan solda. L'ap vini tou pare pou'l vanje dwa pi gran an Jakòb te eskamote'l la.
        Jen. 27 :41 ; Jen. 32 :6

II. **Ki desizyon Jakòb te pran tout swit ?**
    1. Li te renose a tout byen 'l yo.
        Li te voye gwo kado bay frè 'l Ezaou pou mande'l padon. Jen. 32 : 13-15, 20
    2. Li te renose a fanmiy li tou. Jen. 32 : 22-23

3. Kounyeya, li pou kont li devan konsyans li, li renose a pwòp tèt pa'l. Jen. 32 :24

III. Gade ki jan Bondye parèt sou Jakòb
1. Bondye vinn lite ak li pandan tout yon nwit pou'l **oblije misye konfese** ansyen ak nouvo peche'l. Jen.32 : 24
Jakòb refize admèt yo. Pouki sa? Paske se nan tout non'l peche a chita. Li volè, li mantè. Se sa non Jakòb la vle di. Li fasil pou **di'l** men li difisil pou **konfese'l**. Jen.32 :27
2. Lè li resi konfese, Bondye deside pou béni'l anba yon lòt non : Li rele'l **Israyël,** ki vle di zanmi Bondye. Jen. 32 : 28

IV. Ki jan sityasyon'l chanje
1. *Dabò nan vi èspirityèl li*
   a. Li imilye'l set (7) fwa devan frè'l pou mande'l padon. Jen. 33 : 3
   b. Li depouye'l de tout ti dye ki te nan pòch li. Jen. 35 : 1-4
   c. Depi lè saa, tout lènmi li te genyen yo vinn pè'l. Jen. 35 :5
2. *Answit nan vi materyèl li*
   a. Li bati yon moniman li te pwomèt Letènèl. Jen. 35 : 14
   b. Bondye bay li benediksyon tout bon yo. Jen. 35 : 11-12

Pou fini
Konfesyon san restitisyon pa vo anyen. Bat pou nou sensè.

Kesyon

1. Konbyen tan Jakòb te pase nan diaspora Mezopotami ? Ventan

2. Nan ki kondisyon ? Li te rich

3. Ki moun ki te vinn rankontre ak li ? Frè li k'ap vini pou'l vanje.

4. Ki sa'l te fè pou pwoteje tèt li ?
    a. Li te renose a tout byen 'l yo.
    b. Li te voye gwo kado bay frè 'l Ezaou pou mande'l padon.
    c. Li te renose a fanmiy li tou.
    d. Kouneya, li pou kont li devan konsyans li, li renose a pwòp tèt pa'l.
5. Ki sa ki rete'l pou'l fè? Pou'l konfese peche'l

6. Ki moun ki egzije'l fè sa ? Letènèl

7. Konbyen tan sa te pran'l pou'l konfese peche saa ? Tout yon nwit.

8. Ki jan li te fè rèstitisyon a Letènèl ?
    a. Li renonse a tèt pa'l e a dye'l yo.
    b. Li bati moniman li te pwomèt Letènèl depi lontan

9. Ki rezilta sa te genyen ?
    a. Tout lènmi yo te vinn pè'l.
    b. Bondye bay benediksyon tout bon yo

Leson 8
Dakò pou tout bagay, konfesyon pa ladan

Vèsè pou prepare leson an : Lik. 16 : 19-31 ;
Ebr.9 :27
Vèsè pou li nan klas la : Lik.16 :23-31
Vèsè pou resite : Va toujou gen kèk moun nan pèp
Izrayèl la k'ap nan nesesite. Se poutèt sa mwen mande
nou pou nou aprann louvri men nou bay frè parèy nou
ki pòv osinon ki nan nesesite nan peyi nou an.
De.15 :11
Fason pou fè leson an : Diskou, konparezon, kesyon
Bi leson an : Montre ke repantans pa chita nan
konsyans mechan an apre lanmò'l

Pou komanse
Ala yon bagay tris kant yon moun ap mouri san
Bondye ! Sa se istwa nonm rich la ak pòv Laza . Note
byen se pa yon blag, ni yon parabòl paske Jezi pa
janmen site non moun nan parabòl.

I. **An nou gade pou nou wè**
1. Nonm rich la te fè fèt chak jou kay li.
Lik. 16 : 19
2. Pandan tan saa, Laza te kouche devan pòt kay
nonm saa. Li t'ap soufri ak grangou ak maladi
lèp. Lik.16 :21
3. Non rich la te konnen Laza trè byen puiske li
rekonèt li nan sal datant moun kap tann
rezireksyon an. Lik.16 : 24-25
4. Laza sa sanble ak malere ki pa gen manje, ni
kay pou yo rete, ni doktè pou okipe yo paske
sa pa regade moun rich yo.

II. An nou gade ki lè konparezon an fini.

1. Nonm rich la mouri, li te genyen bèl antèman yo antere 'l nan mozole.

   Pou Laza yo te lage'l nan yon twou san seremoni, san foul moun pou asiste'l.

   Sepandan, Jezi te déjà peye frè vwayaj li depi Golgota. Konsa Yon kòlonn Anj te vinn chèche'l pou mennen'l nan saldatant moun rachte yo kap tann bonè etènèl yo. Lik.16 :22

2. Laza te loje nan balkon ak Abraram kote pa genyen zafè moun pa, ni ran sosyal, ni prejije, ni moun koulè, ni lajan. Bagay sa yo pa alamòd lòt bòs.

   Nan lè saa, nonm rich la nan tout toumant. Lik.16 : 24

III. Ki sa ki te rete pou nonm rich saa ?

1. Pou'l sonje mechanste li te konn fè Laza. Jodia l'ap mande pou Laza rann li sèvis. **Men li two ta.** Lik16 : 24-25

2. L'ap regrèt li pa janmen envesti nan pòv yo. De. 15 :11

3. **L'ap two ta** pou'l regret ke'l gen senk frè k'ap tann viza pou vinn jwen li nan lanfè. Lik.16 :27-28

4. Kounyeya l'ap tann jijman'l pou nanm li, paske li pa janm konfese peche'l, li pa janm repanti, li pa janm mande Bondye padon. Ebr. 9 :27

Pou fini

Zanmi'm, Laza devan pòt ou chak jou. Bat pou'w pa konnen sipriz dezagrab nonm rich la, lè jou'w va rive pou'w kite latè pou'w travèse lòb bò a.

Kesyon

1. Ki jan nonm rich la t'ap viv ? Li te opilan

2. Ki jan Laza t'ap viv ? Nan povrete

3. Ki jan nonm rich la fè konnen Laza nan sal datant la ? Laza te toujou kouche devan pòt kay li.

4. Ki moun Laza reprezante ? Ti malere yo ki pa gen pèsonn pou defann yo.

5. Ki sa nou ka remake nan sal datant saa ?
   a. Ou kap wè yon moun men ou pa kap ede'l.
   b. Pa gen repantans apre 'w mouri.

6. Se vre ou se fo :
   a. Bèl fineray pèmèt ou ale nan syèl. __ V __ F
   b. Si ou pòv, ou pra'l nan syèl kan menm.
      __ V __ F
   c. Sal datant la apre lanmò gen de (2) seksyon. Yonn se nan touman, lòt la se nan bonè.
      __ V. __ F
   d. Istwa nonm rich la ak Laza se yon parabòl
      __ V __ F

Leson 9
Refòmasyon : La fwa ki preske disparèt

Vèsè pou prepare leson an : Mat. 16 :3 ; 24 :12 ; Jan.6 :9 ; 19 :30 ; Tra.4 :9-19 ; 5 :41 ; Wom. 1 :17 ; Ef.2 :8 ; 1Ti.1 :19 ; 4 :1

Vèsè pou li nan klas la : 2Kor.13 :1-5

Vèsè pou resite : Sonde tèt nou nou menm, egzaminen konsyans nou byen pou wè si n'ap viv ak konfyans nan Bondye. Nou fèt pou nou rekonèt si Jezikri nan kè nou, esepte si nou pa ta kapab bay prèv nou gen konfyans nan Bondye **2Co.13 :5**

Fason pou fè leson an : Diskou, konparezon, kesyon

Bi leson an : Egzote kretyen yo pou yo egzaminen si yo gen fwa nan Bondye vre.

Pou komanse

Se pa paske yon dokiman ansyen ki fè'l pèdi valè'l . Se pou'm pale'w de fwaa ke Bondye li menm li bay'w. Ki sa lezòm fè ak li depi tan li bay nou li a ?

I. **An nou wè sa yo te fè ak li nan lane 33 apre Jezi te pati.**

Li te yon gwo pisans sou apòt yo

1. Pou yo temwaye sou rezireksyon Jezikri. Tra.4 :10

2. Pou fè mirak ak gwo bagay nan non Jezi. Tra.4 :9-19

3. Pou yo te rete kontan menm nan pèsekisyon poutèt Levanjil. Tra.5 :41

II. An nou wè sa'l devni nan lane 1517

Li te pote yon Refòm nan Krisyanis la ak Marten Litè ki te yon prèt nan monastè Sen Ogisten.

Li pat pè lanperè Charle Ken ak pap Leyon 10, ak tout tribinal Women an mete sou li, pou'l te kenbe bib li nan men'l e pou'l te deklare ke Jis la dwe viv gras a fwa li. Wom.1 :17

Se nan Refòm sa Legliz pwotestant yo soti, e li te pote tou yon gran chanjman nan Legliz Katolik

III. An nou wè sa'l tounen jodia.

Li tounen yon pwensip :

1. Yon pwensip mekanik : Moun nan chanje relijyon jan'l vle pou regle bagay pèsonèl li.
2. Yon pwensip matematik. Legliz konte sou bidjè yo, olyede soumèt senk pen yo a de pwason yo a Jezi. Jan.6 : 9
3. Yon pwensip politik : Yo pi kwè nan pwomès yon kandida ke nan Kris ki te di : « Tout bagay akonpli » Jan.19 :30
4. Yon pwensip syantifik. Yo pi kwè nan meteyo ke nan siy Jezi bay pou fè konnen ke l'ap retounen.. Mat.16 :3

IV. Distans pou Jezi retounen, ki sa la fwa ap ye ?

1. Lafwa pi fò moun ap refwadi Mat.24 :12
2. Gen menm ki pral pèdi lafwa. 1Ti. 1 :19 ; 4 :1

Pou fini

Lafwa se yon lisans Bondye bay nou. Se li ki pèmi kondwi nou jis nou antre nan syèl la. Tanpri, kenbe l jou nou rive. Ep. 2 : 8

Kesyon

1. Ki jan fwa kretyen yo te ye nan ane 33 apre Jezi te pati?
   Li te yon gwo pisans sou apòt yo
   a. Pou yo temwaye sou rezireksyon Jezikri.
   b. Pou fè mirak ak gwo bagay nan non Jezi.
   c. Pou yo te rete kontan menm nan pèsekisyon poutèt Levanjil.

2. Ki sa'l devni nan lane 1517
   a. Li te pote yon Refòm nan Krisyanis gras a Marten Litè
   b. Se nan Refòm sa Legliz pwotestant yo soti e li te pote tou yon gran chanjman nan Legliz Katolik

3. Ki sa'l tounen jodia.
   Li tounen
   a. Yon pwensip mekanik : Mou nan chanje relijyon jan'l vle pou regle bagay pèsonèl li.
   b. Yon pwensip matematik. Legliz konte sou bidjè yo, olyede soumèt senk pen yo a de pwason yo a Jezi.
   c. Yon pwensip politik : Yo pi kwè nan pwomès yon kandida ke nan Kris
   d. Yon pwensip syantifik. Yo pi kwè nan meteyo ke nan siy Jezi bay pou fè konnen l'ap retounen.

4. Distans pou Jezi retounen, ki sa la fwa ap ye ?
   a. Lafwa pi fò moun ap refwadi.
   b. Gen menm ki pral pèdi lafwa.

5. A ki sa nou ka konpae la fwa? Se yon lisans Bondye bay nou ki pèmèt nou kondi vi nou jouk nou rive nan syèl la.

Leson 10
Aksyon degras , selebrasyon pou Bondye nan twa pèson

Vèsè pou prepare leson an : 1Kwo.29 :10-19 ; Mat. 6 :11 ; 17 :20 ; Lik.19 :10; Jan.16 :13 ; Ef.2 :11-14 ; 1Jan.5 :11 ; Rev.1 : 5-6

Vèsè pou li nan klas la : 1Kwo.29 :10-16

Vèsè pou resite : Men, kisa m' ye, kisa pèp mwen an ye menm, pou m' ta kapab ofri ou tout bagay sa yo ak tout kè nou? Se nan men ou tout bagay sa yo soti, se nan sa nou resevwa nan men ou n'ap ba ou. **1Kwo.29 :14**

Fason pou fè leson an : Diskou, konparezon, kesyon

Bi leson an : Ankouraje kretyen yo ppou yo rete senp apre yo finn bay Bondye ofrann yo.

Pou komanse
Eske w konnen se konsa m rete m'ap aplodi Letènèl ? Pouki sa ? Se li ki pran swen'm, ki sove'm e ki gide'm. Ki jan menm pou'm fete fèt saa ?

I.   M'ap fete Bondye-Providans la
1.   M'pral apresye'l pou tout sa mwen resevwa nan men'l . Mwen finn konpann ke san li mwen pa posède anyen e mwen pa anyen. 1Kwo.29 : 14
2.   Sante'm, entelijans mwen, travay mwen, byen mwen, fanmiy mwen tout se lakay li yo soti. Mat. 6 : 11

II. **M'ap fete Bondye ki vin rekonsilye nou ak Papaa**
1. Se Jezi li menm ki vin chèche nou. Lik.19 :10
2. Li siyen chèk Sali'm ak san'l. Rev 1 : 5b-6
3. Li fè'm antre nan fanmiy Bondye. Ef.2 : 11-14
4. Li bay mwen yon vi apre vi saa. 1Jan.5 :11

III. **Map fete Bondye ki bay mwen Pisans la**
Kan Jezi pati, li lese Sentespri a pou nou :
1. Sentèspri a se te pi bon koneksyon
    a. Mwen pa kap pèdi nan chemen mwen, nan zafè fo doktrin, relijyon dezyèm men e sitou moun kap vini fè'm sezi sou Jezikri k'ap retounen
    b. Sentespri a la pou kondi'm nan pye vérité a. Jan.16 :13
2. Jezi kite pou mwen yon kat kredi yo rele lafwa pou reponn pou tout sa mwen bezwen. Mat.17 :20

    Ak la fwa e Sentespri pa gen moun ki pou vinn blofe'm.

Pou fini
Tanpi pou rou ki wè sèlman zafè manje ak banbòch nan fèt Aksyon De Gras la. Pou mwen menm, mwen fè konfyans a Papa'm nans syèl la, a Jezi Sovè'm e a Sentespri ki gid mwen. Kite'm selebre richès mwen yo ak yon kè rekonesan

Kesyon

1. Ki pi bon fason pou'w fete Bondye-Providans la ?
    a. M'pral apresye'l pou tout sa mwen resevwa nan men'l .
    b. M' ap apresye'l pou sante'm, entelijans mwen, travay mwen, byen mwen, fanmiy mwen

2. Ki pi bon fason pou fete Bondye ki te vinn sove nou an?
    a. Se Jezi li menm ki vin chèche nou.
    b. Li siyen chèk Sali nou ak san'l.
    c. Li fè nou antre nan fanmiy Bondye.
    d. Li bay nou yon vi apre vi saa.

3. Ki jan pou nou fete Sentèspri ak pisans li ?
    a. Gras a li, mwen pa kap pèdi nan chemen mwen, nan zafè fo doktrin, relijyon dezyèm men e sitou moun kap vini fè'm sezi sou Jezikri k'ap retounen
    b. Sentespri a la pou kondi'm nan pye vérité a.

4. Eske nou pa dwe fè bonbans nan fèt saa ?
    Wi. Se pou nou fè'l menm, ni materyèl ni èspirityèl.

Leson 11
Krisyanis la konpare ak relijyon yo

Vèsè pou prepare leson an : Jen. 3 :9 ; Eza.45 :22 ;
Mat.16 :18 ; Mak.16 :17-18 ; Lik.19 :10 ; Jan.1 :14 ;
3 :16 ; 5 :39 ; 14 :6 ; 19 :30 ; Ef.2 :8-9 ; Fil.2 :13 ;
Kol.2 :9 ; 1Jan.4 :8
Vèsè pou li nan klas la : Mak.9 :38-41
Vèsè pou resite : Moun ki pa kont nou, se moun pa
nou li ye. **Mak.9 :40**
Fason pou fè leson an : Diskou, konparezon, kesyon
Bi leson an : Fe tout moun konnen ke Jezi pat vinn
fonde okenn relijyon. Li pat ni pwotestan ni katolik. Li
se Sovè le monn li ye.

Pou komanse
Allô zanmi'm, mwen pa vini fè yon defans pou
Krisyanis la, mwen ta santi m tou koupab si mwen pa
ta di sa'l reprezante devan relijyon yo.

I. **Ki sa relijyon yo ye nan yo menm?**
     1. Reljyon se jefò lòm ap fè pou li chèche prezans
        Bondye. Krisyanis la li menm se jefò Bondye
        fè pou jwen lòm ki pèdi nan peche' l .
        Jen. 3 :9 ; Eza. 45 : 22 ; Lik.19 :10
     2. Pou rezon saa, Kris vinn pran yon kò pou li
        viv menm kote ak nou. Jan.1 : 14
        An nou fè yon konparezon :
        a. Pa gen yon fondatè relijyon ki te vin mouri
           pou patizan'l yo. Jan.3 :16
        b. Pa gen yonn menm ki resisite apre li te
           mouri. Lik.24 : 5-7

   c. Pa gen yonn yo te anonse kap vini e ki di avan'l mouri « Tout bagay akonpli ». Jan.19 :30

   d. Pa gen yonn nan yo ki moun total e Bondye total. Kol. 2 :9

   e. Pa gen yonn ki ka di li kite Sentèspri dèyè pou kontinye travay li ak mirak e gwo bagay lòm pa ka fè. Mak. 16 : 17-18

3. Apre la Bib, pa gen yon relijyon ki vini ak yon Liv ki prevwa la vi pou toutan pou patizan'l yo Jan 5 : 39 ; 14 :6

4. Jezikri bati Legliz li, li pa bati relijyon, ni pa gen okenn fòs vizib ou envizib ki ka detri'l. Mat. 16 : 18

5. Jezi vini ak

   a. Lanmou. Se li menm ki lanmou an. 1Jan.4 : 8

   b. Li vini ak Sali e padon peche. Ef.2 : 8

   c. Sali a se gras a la fwa e non pa ak zèv nou Ef. 2 : 9

   d. Se Sentespri a ki fè tout travay la nan kè nou jan li vle. Fil.2 :13.

Pou fini

Nan dènye jou a, tout relijyon pral disparèt. Men Legliz Kris la ap rete kanpe, e nan pwen fòs ki kap kraze'l. Relijyon ak Krisyanis, ki lès ou pi pito ?

Kesyon

1. Ki bi tout relijyon ?
   Jwenn Bondye ak efò pèsonèl.

2. Ki sa Krisyanis la ye?
   Se efò Bondye pou sove nanm ki pèdi.

3. Ki jan ou ka konpare Jezi-Kri ak fondatè relijyon
   yo?
   a. Pa gen yon fondatè relijyon ki te vin mouri pou
      patizan'l yo.
   b. Pa gen yonn menm ki resisite apre li te mouri.
   c. Pa gen yonn yo te anonse kap vini e ki di avan'l
      mouri « Tout bagay akonpli ».
   d. Pa gen yonn nan yo ki moun san pou san e ki
      Dye san pou san.
   e. Pa gen yonn ki ka di li kite Sentèspri dèyè pou
      kontinye travay li ak mirak e gwo bagay lòm pa
      ka fè.

4. Eske Jezi te bati yon relijyon ? Non. Li bati Legliz
   li pou le monn antye

5. Ki sa Jezi pral fè ak tou relijyon yo ? Li ta sanble ke
   kòm metye li se chapantye, li pral fè sèkèy pou tere
   tout relijyon yo. Men Legliz li. Ap la pou tou tan

Leson 12
Nowèl : Men yon pitit fèk fèt

Vèsè pou prepare leson an : Eza9 : 5-6 ; Mat.1 :21 ; 11 :28 ; Lik.17 : 11-14 ; Jan.1 ;1 ; 3 :16, 35 ; 5 : 5-11 ; 8 : 10-11 ; Wom.8 :17 ; 1Jan.3 : 8 ; 5 :19

Vèsè pou li nan klas la : Eza. 9 :5-6

Vèsè pou resite : Nou gen yon ti pitit ki fenk fèt. Bondye ban nou yon gason. Se li menm ki pral chèf nou. Y'a rele l': Bon konseye k'ap fè bèl bagay la, Bondye ki gen tout pouvwa a, Papa ki la pou tout tan an, Wa k'ap bay kè poze a! **Eza. 9 : 6**

Fason pou fè leson an : Diskou, konparezon, kesyon

Bi leson an : Prezante Nowèl la tankou Mesi a ke Bondye te anonse pou sove lemonn.

Pou komanse

Konjonksyon *CAR* la etabli yon rapò ant Ansyen Tèstaman e Nouvo Tèstaman an. An nou wè sa'l vle di nan pwofesi ki nan bib la.

I. **Mot *Car* a di ki jan Jezikri antre nan istwa monn saa**

1. *Yon ti moun fèt pou nou* : Sa vle di li menm se yon kado Bondye fè nou

   a. Li pote espwa Sali pou tout moun. Mat. 1 :21 ; 11 :28

   b. Mari akouche **Jezi** men li pa akouche **Bondye** ki kreye syèl ak tè a avan Mari te fèt. Jan.1 :1

2. *Yo bay nou yon pitit*

   a. Se Mesi a, se Sovè a. Jan.3 :16

   b. Se eritye Bondye e nou pral eritye ansanm ak li. Jan.3 :35 ; Wom.8 :17

II. **Ki eritaj sa ?**

1. Li eritye yon kòz : Li eritye peche Adan an pou'l konnen koman jere'l.

Li vinn pou detwi tout zèv Dyab la e retire nou anba grif li.. 1Jan.3 :8b ; 5 :19

2. Li vini pou'l :

a. Leve tèt fanm yo nan sosyete a.
Jan.8 : 10-11

b. Pou'l geri maladi ki pat janm trete yo.
Lik.17 :11-14

c. Pou'l ankouraje zèv sosyal yo.Jan. 5 : 5-11

III. **Ki benefis nou jwen nan Nowèl pou Sali nou ?**

1. *Toudabò gen sa nou pa bezwen vre.*

a. Nou vle pale de depans tankou moun fou pou dekorasyon

b. Depans pou kado bay zanmi onon de Jezi ki pa resevwa kado.

2. Men ki sa nou jwen nan Nowèl la :

a. Se rekonsilyasyon de nou menm kom pechè ak papa nou ki nan syèl la.
2Kor.5 :19

b. Se chans nou jwen pou nou retounen nan syèl la kote nou te soti a. Jan.14 :6

Pou fini

Kite moun yo sou nan festen yo. Kite yo goumen sou ki dat Jezi te fèt, ki jou li te vini sou planèt la.. Kanta ou menm, louvri letabl kè'w pou resevwa'l. Zetwal Betlelyem nan a klere wout ou nan lavi saa.

Kesyon

1. Ki sa konjonksyon *CAR* reprezante nan pwofesi yo ? Yon rapò ant 2 Testaman yo

2. Ki sa sa vle di : « Yon ti moun fèt pou nou » ?
   Se yon kado Bondye voye pou sove lemonn

3. Ki sa sa vle di « Men yon **pitit** yo fè nou kado?
   a. Se Mesi a, Sovè a. Jan.3 :16
   b. Se eritye Bondye a, li fè nou eritye ak li.

4. Eksplike
   Mari akouche Jezi, men li pa akouche Bondye.
   Bondye te la avan Mari paske se li ki te kreye monn
   nan.

5. Ki sa Jezi-Kri eritye isiba ?
   Kòz Adan an pou li retire nou anba grif Satan Le
   Dyab

6. Ki pwojè Kris te genyen ?
   a. Leve tèt fanm yo nan sosyete a.a
   b. Geri maladi ki pat janm trete yo.
   c. Ankouraje zèv sosyal yo

7. Ki benefis nou jwen nan Nowèl pou Sali nou ?
   a. Se rekonsilyasyon de nou menm kom pechè ak
      Papa nou ki nan syèl la.
   b. Se chans nou jwen pou nou retounen nan syèl
      la kote nou te soti a

8. Eske nou dwe dakò ak depans pou fèt Nowèl ?
   a. Se tou nòmal pou nou fè yo san gaspiyaj..
   b. Otreman se komèsan yo ki benefisye'l
   c. Se yon fason pou moke Jezi kant ou bay
      zanmi'w kado onon de Jezi ki pa resevwa anyen
      nan men'w.

Lis vèsè yo

1. Se pou nou yonn sipòte lòt, pou nou yonn padonnen lòt si nou gen kont yonn ak lòt. Wi, se pou yonn padonnen lòt, menm jan Kris la te padonnen nou. Kol.3 :13

2. Ofrann ki fè Bondye plezi, se lè yon moun soumèt tèt li devan li. Bondye, ou p'ap janm meprize moun ki soumèt tèt li devan ou, moun ki rekonèt tò li. Sòm.51 :19

3. Pito yon moun fè sa Seyè a di l' fè a pase pou l' touye bèt ofri pou Bondye. Pito yon moun soumèt devan Bondye pase pou l' ofri bèl belye chatre pou Seyè a..1Sam.15 :22b

4. Wa a di Danyèl konsa: -Se vre wi! Bondye ou la gen plis pouvwa pase tout lòt bondye yo. Se li ki chèf tout wa, se li menm ki fè moun konnen sekrè ki kache, depi ou te ka fè m' konprann sans rèv mwen te fè a.. Dan. 2 :47

5. Se mwen menm ki pi piti nan apòt yo. Mwen pa menm merite pou yo ta rele m' apòt, pou jan m' te pèsekite legliz Bondye a..1Kor.15 :9

6. Sa m' te konn sou ou a, se sa lòt moun te di m' ase. Koulye a, mwen wè ou ak je mwen.Se konsa, mwen wete tou sa mwen te di. Mwen kouche sou sann ak nan pousyè, m'ap mande padon..
Jòb 42 : 5-6

7. Nonm lan di l': -Yo p'ap rele ou Jakòb ankò. Y'ap rele ou Izrayèl, paske ou goumen ak Bondye, ou goumen ak moun, se ou menm ki genyen batay la.Jen. 32 : 28

8. Va toujou gen kèk moun nan pèp Izrayèl la k'ap nan nesesite. Se poutèt sa mwen mande nou pou nou aprann louvri men nou bay frè parèy nou ki pòv osinon ki nan nesesite nan peyi nou an. De.15 :11

9. Sonde tèt nou nou menm, egzaminen konsyans nou byen pou wè si n'ap viv ak konfyans nan Bondye. Nou fèt pou nou rekonèt si Jezikri nan kè nou, esepte si nou pa ta kapab bay prèv nou gen konfyans nan Bondye? 2Kor.13 :5

10. Men, kisa m' ye, kisa pèp mwen an ye menm, pou m' ta kapab ofri ou tout bagay sa yo ak tout kè nou? Se nan men ou tout bagay sa yo soti, se nan sa nou resevwa nan men ou n'ap ba ou. 1Istwa.29 :14

11. Moun ki pa kont nou, se moun pa nou li ye.. Mak.9 :40

12. Nou gen yon ti pitit ki fenk fèt. Bondye ban nou yon gason. Se li menm ki pral chèf nou. Y'a rele l': Bon konseye k'ap fè bèl bagay la, Bondye ki gen tout pouvwa a, Papa ki la pou tout tan an, Wa k'ap bay kè poze a!. Eza. 9 : 6

Evalyasyon

1. Nan douz leson yo ou soti wè a, ki lès nan yo ki pi touche w ?
   a. Pou tèt pa w ?_____
   b. Pou fanmiy w? _____
   c. Pou 'legliz ou?_____
   d. Pou peyi w?_____

2. Ki desizyon w apre klas la?
   _____

3. Ki konsèy ou ta bay Lekòl dimanch la :
   _____

4. Kesyon pèsonèl :
   Ki jan de kontribisyon mwen te kap pote nan
   Legliz la?_____
   Ki jefò mwen fè pou m amelyore
   kondisyon l_____
   Si Jezi vini kounyeya, eske mwen pral fyè de
   travay mwen? _____

LIS SIJÈ YO

Ti detay sou vi Pastè Renaut Pierre-Louis

Pastè nan Legliz Batis Saint Raphael,   1969
Diplômen nan Teoloji nan Seminè Batis Limbe, 1970
Diplômen nan Lekòl kontablite Julien Craan   1972
Pwofesè Angle ak Panyòl nan Collège
Pratique du Nord au Cap-Haitien   1972
Pastè nan Premye Legliz Batis nan Cap-Haitien, 1972
Pastè nan Legliz Batis Redford, Cité Sainte
Philomène   1976
Diplômen nan Lekòl Avoka au Cap-Haitien   1979
Fondatè Collège Redford ak l'Ecole
Professionnelle ESVOTEC   1980
Pastè nan Legliz Batis Emmaüs à Fort Lauderdale1994
Pastè nan Legliz Batis Péniel à Fort Lauderdale   1996

Pastè depi senkantdezan (52) , Avoka, Poèt, Ekriven, Konpozitè Teyat, li jwe teyat Jodia sèvitè Bondye sa pote pou nou **« Dife k ap Boulvèse a »** Se yon liv pou enstri nou. Li gen gwo koze nan teoloji ladan. Li déjà fè gwo chanjman nan fason pou anseye nan Lekòl Dimanch e nan fason pou nou prezante mesaj Pawòl Bondye a.
Pastè yo, predikatè yo, monitè yo, kretyen ki gen zye klere yo, tanpri, pran **« Dife k ap Boulvèse a »** la. Kan w fini, pase l bay yon lòt. 2 Tim. 2:2

Komantè Moun Ki Abone Liv saa

Depi nan ane 1995, m'ap anseye Lekòl Dimanch ak Tòch la. Lè sa li te sou fèy detache. Jiska prezan, mwen pa wè tankou'l ditou pou fòmayon kretyen nou yo. Anverite, Tòch la se yon Kado Bondye voye bay nou. Tout glwa se pou Li.

New Vision Philadelphia Church of God
Pastè Henock Chery

Pastè Renaut, Liv ou yo pa gen pri. Ke le Senyè ka toujou sèvi ak ou pou byen Legliz nou yo e pou glwa pa'l.

Pastè Joanès Martin

Dife tou Limen an chofe nou pou nou preche Pawòl nan tout jan. Menm si travay la anpil e gen moun ki poko vle konvèti.

Michel Eugene

Tòch la se yon trezò li ye pou tout pastè yo ak Legliz yo. Kant ou gade gwo fomasyon teolojik, biblik evanjelik ou jwenn ladan, ak tout sa li pale sou vi yon kretyen, nou wè nan li yon eritaj pou tout jenerasyon yo kap vini.

Me. Eutrope Samson

Dife Tou Limen an pote yon revolisyon total nan fason pou nou anseye nan Lekò Dominikal e nan vi pèsonèl nou. Nou di « Beni swa Letènèl!"

Pastè Chevelon Elisner

Depi setan (7) nou menm nan Legliz Nazareyen nan Palm Bay, se Liv sa nou adopte pou anseye nan Lekòl Dominikal. Pa genyen tankou li ditou. Se yon gras. Nou di Bondye mèsi.

Pastè LaFrance Diedenomi

Liv saa se yon kokennchenn zouti pou ede Legliz yo grandi nan fwa yo e nan konesans Bondye. Li ede nou tou nan Etid Biblik, nan prepare mesaj, nan meditasyon nou e nan devosyon an fanmiy. Li ekri nan yon langaj senp, toutaklè pou nou konprann. Nou di Bondye mèsi pou talan sa li bay sèvitè'l pou'l ede tout kretyen yo.

Eglise des Frères Haïtiens, Miami

Pastè Ilexene Alphonse

Mwen di Bondye mèsi pou tout koleksyon Tòch la. Li fèm pi konprann Levanjil e li fè'm grandi nan vi èspirityèl mwen chak jou. Mwen di'l ak tout kè'm.

Rev. Pastè J. P. George Lahens
Gestionnaire/Professeur de carrière

Pastè Renaut,
Mwen di Bondye mèsi pou liv saa ki gandi konesans mwen e amou mwen nan Pawòl Bondye a. Mwen kapab temwaye ke li chanje fason de panse nan monn evanjelik la. Bondye sèl ki kap rekonpanse'w ni isit ni nan syèl la.

Haitian Christian Ministry, Arizona
Pastè Abner Lamy

Si w bezwen enfòmasyon sou liv yo ak brochi nou ekri yo, ou kap kontakte nou nan adrès sa yo :

Peniel Southside Baptist Church
P.O. Box 100323
Fort Lauderdale, FL 33310
Mobile: 954-242-8271
Phone : 954-525-2413
Website : www.theburningtorch.net
E-mail:renaut@theburningtorch.net
E-mail :renaut_cyrille@hotmail.com

Copyright © 2025 by Renaut Pierre-Louis Tout dwa sou liv sa rezève @ Rév. Renaut Pierre-Louis

Atansyon : Se yon bagay ki kont la lwa si yon moun ta kopye liv sa ou byen yon pati nan liv sa nan nenpòt kèk fason, ke se swa nan enprimri, ou fòto, ou CD san w pa gen otorizasyon ekri sou papye de lotè liv la.

www.ingramcontent.com/pod-product-compliance
Lightning Source LLC
Chambersburg PA
CBHW060231030426

42335CB00014B/1402